ONE DIRECTION

La véritable histoire

ONE DIRECTION

La véritable histoire

Danny White

City
Poche

Publié en Grande-Bretagne par sous le titre *The One Direction Story* par Michael O'Mara Books

ISBN : 978-2-8246-0383-4
Code Hachette : 51 3628 8

Rayon : Biographies / Musique / Jeunesse
Collection dirigée par Christian English et Frédéric Thibaud

Catalogue et manuscrits : www.city-editions.com

Dépôt légal : troisième trimestre 2013
Imprimé en France par France Quercy - Mercuès - N° 31658/

LA FOLIE ONE DIRECTION

Vous ne croyez pas que la vie peut être par moments trépidante au point de donner l'impression que le temps s'est arrêté ? Posez donc la question aux garçons de One Direction. Pour Liam, Louis, Niall, Harry et Zayn, le mois d'avril 2012 ne fut qu'une suite sans fin d'incidents, d'intrigues, de succès phénoménaux et de douloureux revers.

Deux ans plus tôt, les nouvelles idoles de la pop n'étaient que cinq ados ordinaires, chacun comptant les jours qui lui restaient avant l'audition de *The X Factor*. Depuis lors, leur vie a été tout sauf un long fleuve tranquille.

Rien qu'en ce seul mois d'avril, ils furent reçus à la Maison-Blanche par Michelle Obama, donnèrent un mégaconcert à guichets fermés au Madison Square Garden et firent leurs débuts en studio aux côtés de l'immense Justin Bieber.

Et tandis que les États-Unis s'amourachaient du boys band, la télévision américaine leur consacrait deux de ses émissions les plus populaires :

The Today Show et *Saturday Night Live*. Mais, alors qu'ils surfaient sur la vague du succès, une ombre vint ternir leur rêve américain : un groupe américain portant le même nom qu'eux leur intenta un procès pour plagiat.

La riposte des fans du boys band anglais ne se fit pas attendre, certains allant jusqu'à proférer des menaces de mort à l'encontre du groupe américain.

Ce même mois d'avril, le groupe s'envola pour l'hémisphère Sud et découvrit qu'il comptait en Australie et en Nouvelle-Zélande autant de ferventes admiratrices qu'en Amérique ou en Grande-Bretagne.

À Sydney, la fièvre était telle, qu'un garçon qui n'avait aucun lien avec le groupe se retrouva assailli par des fans hystériques qui l'avaient pris pour un des leurs.

Quand on renforça les services de sécurité, une jeune Australienne déclara qu'elle était prête à essuyer les tirs de la police pour pouvoir les approcher.

Un reste de tartine dans laquelle Niall avait mordu fut vendu aux enchères, attirant des offres allant jusqu'à plus de 100 000 euros !

Tandis que le groupe célébrait le succès de son premier single – dépassant le seuil symbolique du million de copies vendues en Amérique –, chaque garçon empochait deux millions de livres sterling.

Ce jour-là, Louis décida de s'acheter un singe. Et, comme si tout cela ne suffisait pas, ils se retrouvèrent tour à tour encensés par Rihanna, la princesse de la pop, et cassés par Madonna, qui déclara n'avoir jamais entendu parler d'eux.

Le mois n'avait pas encore touché à sa fin que le groupe embrassait des koalas (ce qui lui valut la frousse d'avoir attrapé la chlamydia au contact des marsupiaux, soit dit en passant), avant de partir surfer sur les vagues du Pacifique.

Après quoi, Niall contracta une intoxication alimentaire pendant que deux des garçons relevaient le défi d'exécuter un saut à l'élastique de 192 mètres.

À leur retour en Grande-Bretagne, ils furent, comme toujours, accueillis par des foules de fans en délire.

Pas étonnant que la folie qui entoure ce boys band ait été comparée à la Beatlemania : One Direction jouit d'une popularité immense quelle que soit votre échelle de mesure.

Ils sont le premier groupe anglais de teen pop dont le premier album a pulvérisé les charts américains.

Ce même album s'est hissé à la première place en Grande-Bretagne et dans douze autres pays. Les garçons comptent plus de douze millions de *followers* sur Twitter et 3,6 millions sur Facebook, et leurs vidéos ont été vues plus de 204 millions de fois sur YouTube. Google a révélé que pas moins de 3,35 millions de personnes tapaient chaque mois One Direction dans sa barre de recherche.

One Direction est le boys band le plus populaire du monde. Mais comment en sont-ils arrivés là ? C'est précisément ce que nous allons vous raconter ici.

1

HARRY STYLES

Quand les cinq membres de One Direction trouvèrent enfin le temps de prendre un peu de vacances pour faire le point sur leur fulgurant succès, aucun ne se montra plus calme et flegmatique que Harry Styles.

D'un naturel nonchalant, Harry n'est pas du genre à vouloir donner de lui-même l'image de la star cool. Il est vraiment et totalement nature.

La vie ne lui a pas fait de cadeaux, et son flegme a été mis à rude épreuve durant les années qui ont précédé son succès, mais il a toujours su faire face avec courage et sans se prendre la tête.

Inversement, si vous interrogez Anne Cox, la mère de Harry, sur le succès et le talent de son fils, elle vous dira qu'elle a encore du mal à le réaliser.

Si, pour tous les autres, il est le chanteur qui fait craquer les filles du monde entier et la coqueluche des médias, pour Anne, il sera toujours quelque chose de plus :

— Pour moi, il est d'abord mon fiston, même

s'il est aussi une star qui se produit devant des millions de spectateurs.

Harry est né le 1er février 1994. Anne, qui était déjà maman d'une petite Gemma, était aux anges quand elle accoucha pour la deuxième fois.

Elle décida d'appeler son bébé Harry Edward sans se douter qu'elle venait de mettre au monde une future star.

Harry a passé ses premières années dans le Cheshire, une province verdoyante parsemée de villes et de villages pittoresques du nord-ouest de l'Angleterre. C'est précisément à Holmes Chapel que Harry a grandi, une bourgade agréable et vivante, et idéalement desservie quand on veut aller faire un tour à Manchester pour respirer l'air de la grande ville.

Le Cheshire n'est pas à proprement parler une province réputée pour son héritage artistique, même si des chanteurs de rock comme Ian Curtis et Tim Burgess en sont originaires. Quand il passa l'audition pour *The X Factor*, Harry dit de sa province natale qu'elle était « plutôt plan-plan », avant d'ajouter avec un petit sourire en coin : « … mais pittoresque. »

Aujourd'hui, il est devenu l'un des fils les plus célèbres du Cheshire.

Quand Harry atteignit l'âge d'entrer à la maternelle, sa mère l'inscrivit à l'école Happy Days (Les Jours heureux). Harry estime qu'elle porte bien son nom, et il en a gardé d'excellents souvenirs. C'était une petite structure où les enfants étaient choyés et bien entourés.

À l'époque, il était un petit garçon bien élevé et sociable qui aimait les joujoux et les activités de groupe. Il a toujours été un boute-en-train. Et un créatif : tout petit déjà, il aimait faire des dessins avec du colorant alimentaire sur ses tranches de pain grillé avant de les manger.

Il fut toujours encouragé à s'exprimer, un facteur indispensable de développement pour un artiste en herbe. Plus tard, il apprendra à jongler et à jouer de différents instruments. Toujours jovial et prêt à faire le pitre, il était une sorte de génial touche-à-tout.

— Il adorait être au centre de l'attention et amuser la galerie, confiera Anne au magazine *Now*. Il n'est pas du tout timide. Tout petit, il aimait faire rire les gens. J'ai toujours pensé qu'il monterait un jour sur scène.

Harry menait une vie heureuse et insouciante, jusqu'à ce que ses parents lui annoncent qu'ils allaient divorcer. Sa première réaction fut de fondre en larmes. Il aimait ses deux parents et ne supportait pas l'idée qu'ils puissent se séparer.

Harry, qui n'avait que sept ans, se retrouva pris entre deux feux : il était suffisamment mûr pour comprendre le chagrin causé par la séparation, mais encore trop jeune pour pouvoir maîtriser ses propres sentiments. Les jeunes enfants confrontés à ce genre d'épreuve éprouvent un mélange de chagrin, de culpabilité, de rancœur et d'incompréhension, et même parfois de colère.

Bien que Harry se soit toujours efforcé de faire bonne figure quand il était en public, la blessure qu'il portait en lui depuis le divorce de ses parents a, jusqu'à un certain point, influencé le cours de sa vie. Il explique qu'il a repris le dessus assez rapidement et appris à se faire à la nouvelle situation. Mais, de son propre aveu, il était trop jeune pour comprendre vraiment ce qui se passait dans la tête de ses parents.

Le divorce entraîna de nombreux changements pour lui et sa sœur, comme d'aller vivre avec Anne dans une autre partie, plus reculée, du Cheshire, où ils emménagèrent au-dessus d'un pub, dont sa mère avait repris la gérance.

Il y eut encore bien d'autres bouleversements dont Harry dut s'accommoder tant bien que mal. Il se fit un nouvel ami, Reg, un garçon un peu plus âgé que lui, qui lui fit découvrir les bons plans des environs, comme cette ferme où l'on faisait une crème glacée succulente, située à quelques kilomètres seulement de sa nouvelle maison.

Il adorait aller là-bas et se régaler d'une bonne glace après avoir fait la route à vélo.

Malgré le divorce de ses parents, Harry n'avait rien perdu de son énergie ou de son enthousiasme. Plutôt que de faire les quatre cents coups (il n'a jamais vraiment échangé de coups de poing, sauf une fois, durant toute sa scolarité), il s'est investi à fond dans son travail et était particulièrement féru d'anglais et d'éducation religieuse.

En anglais, il se découvrit un réel talent pour les dissertations, qui lui valaient souvent de bonnes notes. Extraverti de nature, il aimait aussi les cours d'art dramatique, biais par lequel il a fait ses débuts sur scène.

— La première fois que j'ai chanté pour de vrai en public, c'était dans un spectacle de fin d'année. Ça m'a tellement plu et j'ai ressenti une telle poussée d'adrénaline que j'ai eu envie de recommencer, explique-t-il.

Cette poussée d'adrénaline était en fait le signe avant-coureur d'un amour pour le spectacle qui ne s'est jamais démenti depuis. Parmi les pièces dans lesquelles Harry s'est produit, citons *Chitty Chitty Bang Bang*, où il tenait le rôle de Buzz l'Éclair. En réalité, Buzz est l'un des héros de *Toy Story*, mais, comme il s'agissait d'un spectacle privé, la troupe du collège s'était autorisée à prendre quelques libertés avec le scénario original.

Né sous le signe du Verseau, Harry est un esprit enclin à l'expérimentation. À une autre occasion, il a tenu le rôle-titre dans une pièce où il est question d'une souris appelée Barney.

Mais jouer la comédie n'est qu'un des nombreux talents de Harry, qui fut bientôt encouragé à chanter par son entourage. Ce fut son père qui l'initia à la musique. Voyant que Harry avait une passion pour le chant, son grand-père lui fit cadeau d'une machine à karaoké, et « Girl of My Best Friend » d'Elvis Presley, fut l'une des premières chansons qu'il inscrivit à son répertoire.

Harry était élève au collège polyvalent de Selkirk Drive, à Holmes Chapel, quand il put réaliser son rêve de se produire en public en intégrant une formation de rock. Un de ses amis, du nom de Will, cherchait un chanteur pour le groupe qu'il était en train de monter. Il demanda à Harry de venir aux répétitions. Sa prestation fit l'unanimité. Tous étaient ravis de pouvoir compléter l'orchestre avec le beau Harry à leur tête.

Il ne leur restait plus qu'à se trouver un nom. C'est Harry qui suggéra au débotté celui de White Eskimo. Un nom assez bizarre, plus approprié pour une boîte de nuit ou un cocktail qu'un groupe de rock.

Mais toujours est-il qu'il sortait de l'ordinaire et, comme personne n'avait de meilleure idée, il fut adopté. Harry étant un esprit inventif, il aura par la suite d'autres occasions de trouver un nom de groupe.

White Eskimo était inspiré des groupes punks comme les Californiens Blink-182. Harry est aussi fan de Jack's Mannequin et de toute la mouvance piano rock. Cela dit, trois de ses artistes préférés en dehors du pop punk sont Michael Jackson, Elvis Presley et Freddie Mercury. Parmi les chansons qui ont bercé son enfance, il y a « Free Fallin' » de John Mayer ainsi que la musique de Michael Bublé. Chaque membre des White Eskimo avait ses propres influences, qui, mises toutes ensemble, ont donné quelque chose qui tenait bien la route.

Très vite, ils ont commencé à jouer dans les fêtes de fin d'année et se sont même produits dans une fête de mariage.

La première chanson qu'ils aient jamais interprétée en public était « Summer of 69 » de Bryan Adams. Après quoi, ils ont découvert une émission régionale qui produisait des jeunes talents, comme l'a expliqué plus tard Harry à Dermot O'Leary, l'un des invités de *The X Factor*.

— On est entrés dans la compétition appelée « La Bataille des groupes », qui a duré un an et demi, et on a gagné. Remporter « La Bataille » et jouer devant un aussi grand nombre de personnes m'a fait prendre conscience que c'était ce que je voulais faire. J'ai pris un tel plaisir à chanter devant le public, que je n'avais qu'une idée en tête : recommencer.

Leur victoire a également impressionné le prof principal de Harry, Denis Oliver, venu assister à la compétition qui se tenait dans le réfectoire du collège. Plus tard, M. Oliver se souviendra :

— White Eskimo a remporté « La Bataille des groupes » quand Harry était en troisième. Il s'était déjà produit de nombreuses fois en public.

Il est évident que la voix de Harry avait fait forte impression sur ses premiers auditeurs live.

Quelques-uns des jeunes qui ont assisté à ces shows s'en souviennent encore.

Ainsi, Bethany Lysycia déclarait au magazine *Crewe Chronicle* :

— Ils étaient vraiment bons. Tout le monde était impressionné, surtout par Harry. On savait tous qu'il chantait, parce qu'on le voyait souvent chanter dans les couloirs du bahut. Je savais qu'il allait devenir une star, et je trouve qu'il n'arrête pas de faire des progrès.

Des vidéos du groupe en train de jouer « Summer of 69 » à un mariage ont été mises en ligne sur Internet. Bien que la voix de Harry soit beaucoup plus aiguë sur ces vidéos qu'elle ne l'est aujourd'hui, sa gestuelle nous est familière : il bondit, regarde le plancher quand il inspire profondément, et, de façon générale, c'est bien le même garçon que celui qui se produit aujourd'hui dans One Direction.

Une autre chanson qu'ils interprétaient régulièrement était « Be My Girl » du groupe Jet. Quand on les voit en train de répéter, il est évident qu'ils s'éclatent comme des fous.

La fête de mariage leur avait rapporté leur premier cachet : 190 euros, soit un peu plus de 47 euros chacun. Harry est ému quand il se souvient qu'on leur avait aussi offert des sandwiches.

Mais, davantage que l'argent ou les sandwiches, c'est l'expérience et les retours sur leur prestation qui les a véritablement comblés. Les gens lui disaient qu'il était un chanteur-né et qu'il assurait vraiment sur scène.

Son charisme et sa présence étaient tels qu'un des invités, un agent artistique et donc un expert de la scène, l'avait comparé à l'une des icônes de la pop anglaise : Mick Jagger des Rolling Stones.

Quel honneur ! De tels retours avaient de quoi booster l'ego et la détermination de Harry. Il était en train de se forger une image de célébrité à l'échelle locale longtemps avant de devenir une star nationale et internationale.

Ajoutez à cela un physique craquant et un charme évident, et vous comprendrez pourquoi il captait déjà l'attention des filles longtemps avant d'accéder à la célébrité grâce à *The X Factor*.

Il dit avoir eu sa première amie proche à l'âge de six ans. C'était la fille d'un ami d'Anne, et tous les deux s'entendaient à merveille.

Harry leur avait acheté à chacun le même ours en peluche. Il la décrit comme « la plus adorable des petites filles ». Il avait douze ans quand il est sorti pour la première fois avec une fille, et a échangé ses « premiers baisers » avec une fille de son collège.

Une fille du nom de Lydia Cole a confié au *Crewe Chronicle* que Harry avait été son premier flirt, à l'époque où ils allaient tous les deux au collège.

— Ce que vous voyez à l'écran, c'est Harry tel

qu'il est dans la vraie vie, explique-t-elle. Harry a toujours été à la fois charmant et culotté.

Une rumeur circule selon laquelle Harry, une fois devenu célèbre en tant que chanteur de One Direction, se serait mis à collectionner les petites amies et à se vanter de ses prouesses amoureuses.

— Harry se vantait d'avoir couché avec des tas de filles, a déclaré un proche dans le magazine *Now*. Il a dit qu'il y en avait eu six.

Puis, il a ajouté :

— Harry adore flirter.

De tous les membres de 1D, Harry semble avoir été le plus à l'aise avec les personnalités féminines à l'époque de *The X Factor* et après. Et le fait est qu'il les abordait avec un aplomb et un flegme peu communs pour un garçon de son âge.

Quant à sa famille, elle s'est agrandie quand sa mère a fait la connaissance de Robin, son beau-père. Voulant ménager Harry et Gemma, le couple a fait en sorte de ne leur révéler leur relation que progressivement et avec tact.

Harry aimait beaucoup Robin, et il était ravi – bien qu'un peu surpris – d'apprendre qu'il avait demandé la main d'Anne alors qu'ils étaient tous les deux assis devant la télé en train de regarder la vieille série télé *Coronation Street*.

Parmi ses autres souvenirs d'enfance, il y a cette fois où il s'était tellement gavé de nourriture au restaurant T.G.I. Friday's qu'il a vomi sur sa sœur pendant le trajet de retour. Pour autant, son bon coup de fourchette ne lui a jamais posé de problèmes de ligne, dans la mesure où il adore le sport, le badminton, le foot, le cricket étant ses trois jeux favoris.

Il s'était également taillé une réputation de redoutable challenger au bowling. Pas étonnant que l'éducation physique ait été sa discipline préférée et qu'il ait intégré le club de foot local comme gardien de but.Il travaillait à mi-temps à la boulangerie W. Mandeville. Son patron, Simon Wakefield, a confié à la BBC que Harry était un employé modèle.

— Le soir, il lavait par terre, et le samedi, il nous aidait à servir les clients. Il faisait bien son boulot, et il y avait toujours une bonne ambiance quand il était là.

Le premier patron de Harry a dit lui aussi qu'il était « très aimé des clients quand il était à la caisse ». On imagine sans mal que son charisme et son physique avenant lui attiraient la sympathie des clientes.

Ce charme naturel, Harry sentait qu'il était prêt à l'exercer à la scène devant une audience nationale. Comme des millions de Britanniques, il suivait avec intérêt les shows de téléréalité musicale comme *The X Factor*. Quand il voyait de jeunes concurrents remporter le concours, il se disait qu'il avait peut-être une chance lui aussi.

Pour reprendre une expression qui allait lui coller à la peau plus tard, « il osait rêver ». Les compétitions régionales et les fêtes de mariage, c'était bien beau, mais auditionner devant le très respecté et redouté Simon Cowell, son jury et des millions de téléspectateurs, c'était autrement plus excitant. C'est pourquoi il remplit un formulaire de candidature, avec l'aide d'Anne, et le posta. Après quoi, il se mit à compter les jours qui lui restaient avant son audition. Quand il fit part de ses projets à son groupe de rock, personne ne lui en fit grief. Le bassiste, Nick Clough, déclare :

— On était contents pour lui, et on lui a souhaité bonne chance.

Ce que confirme le guitariste, Haydn Morris :

— Au bahut, tout le monde était avec lui. C'était super.

Bien qu'étant tout feu, tout flamme et plein d'espoir, Harry gardait la tête sur les épaules à mesure que se rapprochait le jour de l'audition.

Ce dont il était certain, c'est que, quoi qu'il advienne, il voulait faire un métier qui lui rapporterait de l'argent.

Il n'avait pas envie de passer sa vie d'adulte à tirer le diable par la queue. S'il échouait à l'audition, il irait à l'université pour étudier le droit, la finance et la sociologie.

Et en attendant, il travaillait à la boulangerie chaque fois qu'il en avait l'occasion.

Comme nous allons le voir, plusieurs des garçons qui allaient se retrouver dans One Direction étaient nerveusement à cran le jour de l'audition. Ils avaient l'impression que leur avenir ne tenait qu'à un oui de la part des juges. Harry était déterminé à gagner, mais moins inquiet quant au dénouement.

Pour lui, l'expérience relevait davantage de la découverte : il voulait savoir s'il était capable de devenir chanteur professionnel. Si la réponse s'avérait négative, tant pis, mais du moins aurait-il tenté sa chance.

Il arrive que des gens ayant un rêve dans la vie trouvent des prétextes pour y renoncer. Plutôt que de se concentrer sur ce qui pourrait les porter, ils pensent que tout va aller de travers.

L'exemple de Harry est la preuve qu'il vaut mieux s'efforcer de voir les choses du bon côté et se dire que, de toute façon, on n'a rien à perdre à essayer.

Il n'est pas allé à l'audition de *The X Factor* avec l'idée que sa vie en dépendait. Il a décidé de tenter l'expérience et d'en tirer les conséquences. Il faut faire des tas de choix dans la vie, et le jeune Harry a fait le bon.

2

LOUIS TOMLINSON

Louis est un peu l'outsider du groupe. Contrairement à Harry, Liam et Niall, et même Zayn, dans une certaine mesure, il était absent des écrans durant les phases préliminaires de *The X Factor*. Peu de téléspectateurs l'avaient remarqué avant l'épreuve éliminatoire.

Et même une fois le groupe constitué et présenté live, Louis était l'un des membres les moins en vue. Après la finale, alors que One Direction entamait sa carrière de boys band, son intégration dans le groupe fut vivement critiquée par l'un des gagnants d'une saison précédente.

À sa place, il y en a plus d'un qui se serait laissé abattre. Mais Louis a su garder la tête haute. Il a continué d'afficher son sourire conquérant, est devenu très vite l'un des chouchous du groupe, et l'un des plus acclamés par les fans lors des concerts et des apparitions publiques.

Il lui a fallu une sacrée dose d'aplomb et de sang-froid pour en arriver là, mais Louis n'en a jamais manqué. Aîné de quatre jeunes sœurs

(Phoebe, Daisy, Félicité et Charlotte), son rôle de grand frère lui a valu de développer certaines qualités, comme un sens aigu des responsabilités et une capacité à diriger.

Ceci est dû est grande partie au fait que, dans le clan des Tomlinson, l'aîné de la famille a toujours secondé ses parents. Les aînés de familles nombreuses sont généralement enclins à veiller sur la fratrie. Louis explique que les gens se disent surpris de l'aisance dont il fait montre quand il est en présence de jeunes enfants.

Dans un registre moins positif, les premiers-nés sont aussi souvent enclins à l'autocritique, à la jalousie et à la culpabilité. Sous ses allures de garçon insouciant, il arrive que Louis traverse des phases de doute et d'insatisfaction.

Le fait d'être le seul garçon de la famille a également eu un impact certain sur le cours de sa vie. Il a toujours été très proche de sa mère, et l'affection qu'elle et lui se portent ne s'est jamais démentie malgré le fait qu'il est appelé à se produire fréquemment à des milliers de kilomètres de la maison familiale. L'échange de tweets entre sa mère et lui, tout comme leurs déclarations, témoignent de cette relation privilégiée.

— Nous sommes très proches l'un de l'autre, concède Johanna. Il a quatre sœurs, mais il est mon seul garçon. Et un garçon très affectueux.

Étant donné l'importante différence d'âge entre lui et ses plus jeunes sœurs – les jumelles

Daisy et Phoebe –, il était fréquemment appelé à s'occuper des cadettes, ce qu'il faisait toujours de bon cœur et consciencieusement. Sur certaines photos de Louis enfant, on le voit en compagnie de ses sœurs. Sur l'une d'elles, devenue célèbre, Charlotte est assise sur ses genoux tandis qu'il lui lit une histoire. Mais, bien qu'il aime tendrement ses sœurs, il regrette de n'avoir pas eu de frères.

En l'absence d'autres garçons, les deux seuls représentants mâles de la nombreuse famille Tomlinson, son père et lui, ont forgé des liens étroits. Comme tous les fans du groupe l'auront remarqué, Louis est incontestablement le membre le plus bavard de One Direction. Il adore parler, et son amour du langage ne date pas d'hier. Déjà tout bébé, Louis passait son temps à babiller.

Les gens qu'il croisait dans la rue se souviennent d'un bambin radieux qui les saluait avec effusion depuis sa poussette. Et s'ils ne lui rendaient pas la pareille, le petit Louis ne se privait pas de les rappeler à l'ordre sur un ton moins amical. Il était plein d'énergie et de caractère. « Le fils affectueux » de Johanna dégageait déjà quelque chose de spécial.

Il se laissait aussi volontiers aller à la rêverie. Avant de décider de devenir chanteur, Louis se voyait, entre autres choses, en Power Ranger, footballeur, agriculteur, professeur d'art dramatique et acteur. Cette passion de Louis pour les Power Rangers tombe quelque peu sous le sens.

Il reconnaît qu'enfant, c'était une véritable obsession, au point qu'il commandait des jouets Power Rangers à chaque Noël. Et quand la famille a déménagé pour s'installer à Poole, près de Bournemouth, il a sauté de joie en apprenant qu'il y avait des manèges Power Rangers sur le front de mer. Son futur collègue du boys band, Zayn Malik, alors inconnu de lui, était lui aussi un fan des Power Rangers. Autre coïncidence troublante, l'homme qui allait plus tard permettre aux garçons de réaliser leur rêve avait joué un rôle important dans la série des Power Rangers. Ayant remarqué que la série remportait un succès phénoménal auprès des jeunes téléspectateurs, Simon Cowell avait proposé aux producteurs d'éditer les chansons des Power Rangers. L'une d'elles se hissa à la troisième place des charts. Quelques années plus tard, c'est Louis que Cowell propulsait au top des charts. Mais, avant d'en arriver là, la passion de Louis pour la scène dut en passer par diverses étapes. De fait, son premier amour pour les arts vivants était plutôt le théâtre que la chanson. Il lui arrivait de jouer de petits rôles comme figurant dans des émissions télévisées.

Tout commença quand il parvint à s'introduire dans une émission à laquelle ses sœurs jumelles participaient.

À une autre occasion, il fit la connaissance en coulisse de James Corden, avec qui il est encore ami aujourd'hui. Il suivit des cours d'art dramatique et, armé de sa seule ambition, parvint à se faire engager par un agent artistique.

Les rôles – si mineurs soient-ils – commencèrent à s'enchaîner, dont un dans la série télévisée *Waterloo Road* de la BBC et un autre dans *If I Had You*, diffusée par ITV. Il participait également au club de théâtre du lycée, et l'un des rôles les plus importants qu'il parvint à décrocher avant d'auditionner pour *The X Factor* est celui de Danny dans une production de *Grease*. Ce jour-là, il y avait 200 personnes dans la salle, et il remporta un succès honorable dont il parle encore aujourd'hui avec fierté et enthousiasme.

En dehors de la scène, Louis faisait forte impression – bien que mitigée – sur le corps enseignant. Sa professeure principale, Yvonne Buckley, se souvient de Louis comme d'un garçon « très travailleur et ambitieux, qui apportait un soutien indéfectible à ses sœurs ».

Ce portrait du garçon travailleur est quelque peu égratigné par sa professeure principale de l'année précédente, Jenni Lambert.

— Je suis ravie pour lui, a-t-elle confié au *Daily Star*. C'était un peu une tête brûlée en classe et il ne vivait que pour le théâtre et les concerts qu'il donnait avec l'orchestre du lycée. Le théâtre, il ne rêvait que de ça. Il était charmant, mais ça n'était pas à proprement parler un bûcheur.

Cela étant, elle conclut tout de même en disant :

— C'est une personnalité très attachante.

Et elle explique qu'elle cite Louis en exemple quand elle a besoin de motiver ses élèves.

— Je leur dis que, s'ils travaillent dur, eux aussi réussiront dans la vie.

Malgré les succès remportés au théâtre – une discipline à laquelle Louis aimerait bien retourner plus tard –, c'est la musique qui lui a valu de devenir l'exemple que Mme Lambert aime à citer à ses élèves.

Quand il avait 14 ans, il est entré dans un groupe appelé The Rogue. Il se dit fier d'en avoir fait partie et fier de leur nom (qui est incontestablement plus évocateur pour un groupe de rock que le White Eskimo imaginé par Harry). La façon dont il a rejoint le groupe est pour le moins singulière. Les autres membres du groupe, ayant sympathisé avec Louis à l'occasion d'une sortie scolaire dans le Norfolk, lui demandèrent s'il voulait devenir leur chanteur.

Le fait qu'ils lui aient proposé de se joindre à eux sans même savoir s'il pouvait chanter en dit long sur son pouvoir de séduction.

S'il y a bien quelqu'un qui possède ce fameux *X factor*, c'est Louis. Son charisme naturel – ajouté à son visage angélique – a suffi à convaincre un groupe déjà formé qu'il était celui qui allait les mener sur le devant de la scène.

Heureusement, ils n'eurent pas à regretter leur choix quand ils l'entendirent chanter pour la première fois. The Rogue était cette fois au grand complet avec un style plus « rock » que celui de One Direction. Leurs modèles étaient des groupes pop-punks comme Green Day, célèbre pour ses tubes « American Idiots », « Wake Me Up September End's » et « Good Riddance (Time of Your Life) ». Comme nous l'avons vu, Harry était lui aussi fan de cette mouvance. The Rogue puisaient également à d'autres sources du rock américain, comme The Killers.

Quand Louis s'essayait à chanter leurs chansons, il s'imaginait dans la peau de Billie Joe Armstrong et Brandon Flowers, mais en apportant toujours sa touche personnelle.

Le moment venu, lui aussi allait devenir une mégastar, avec tous les bonus que cela supposait (les filles, par exemple). Il dit avoir échangé son premier baiser à l'âge de 10 ans.

— Je ne me souviens plus très bien comment ça s'est passé, explique-t-il sur le site Web *Sugarspace*. C'était un de ces moments… bizarres. J'étais jeune et naïf. Vous comprenez ?

L'année suivante, il tombait sous le charme de l'actrice Emma Watson dans *Harry Potter*. Il se souvient qu'il était allé voir le film avec sa classe.

— Tous les garçons la kiffaient, explique-t-il.

Plus tard, au collège, Louis est sorti avec une fille qu'il « aimait vraiment ». Mais, quelques semaines plus tard, elle rompait, estimant qu'il « n'était pas assez mignon ». Même encore maintenant, alors qu'il est devenu l'un des beaux gosses de One Direction, on sent que Louis en a gros sur le cœur quand il raconte cet épisode. Et ses fans sont outrées d'apprendre que leur idole ait pu se faire larguer par une fille, quelle qu'elle soit.

Même si l'on tient compte du fait que Louis est le plus vieux de One Direction, son enfance n'en demeure pas moins particulièrement riche en expériences et en événements.

C'était un garçon débordant d'énergie qui voulait goûter à tout ce que la vie avait à offrir. Son CV est une longue liste de jobs. Il a travaillé comme entraîneur de foot, vendeur de friandises dans un stade, serveur, magasinier chez Toys "R" Us et ouvreur dans une salle de cinéma.

Mais, bientôt, il allait passer l'audition *The X Factor*. Il s'y était déjà présenté en 2009, mais avait été éliminé d'entrée de jeu, ce qui ne l'empêcha pas, plus déterminé que jamais, de tenter à nouveau sa chance l'année suivante.

En 2010, quand il s'est inscrit aux auditions, il venait tout juste de passer son bac. Après cela, sa vie ne serait plus jamais la même.

3

ZAYN
MALIK

Avec son visage aux traits ciselés et sa luxuriante crinière de cheveux noirs, Zayn aurait pu faire carrière dans n'importe quelle autre branche.

Il aurait pu devenir mannequin ou même un de ces tombeurs arrogants – comme tant de stars – qui ont tôt fait de comprendre que leur physique avantageux leur ouvre toutes les portes sans qu'ils aient besoin de lever le petit doigt.

Mais, malgré une indéniable part de coquetterie, Zayn a réussi à éviter ces chausse-trappes pour rester le garçon gentil, réaliste et légèrement excentrique qu'il a toujours été.

Zayn Malik – dont le nom s'épelle également « Zain » – est né le 12 janvier 1993. Sa mère s'appelle Tricia, et son père, Yaser. Il vient d'une famille nombreuse et chaleureuse : trois sœurs, cinq tantes, deux oncles et quelque chose comme vingt cousins et cousines. Tout comme son compère Louis, le fait d'avoir grandi au milieu des femmes l'a rendu particulièrement attentif à la sensibilité du beau sexe. De plus, comme tous les puînés, il fait preuve d'empathie et de compassion envers son prochain. Ainsi, il est plus enclin à prendre la défense des faibles qu'à se bagarrer pour avoir la première place. Toutes ces prédispositions – ajoutées à son physique et sa célébrité – font de lui le petit copain idéal.

Mais quelle sorte de garçon était-il avant de devenir une star, et à quoi ressemblait son enfance ? Son plus ancien souvenir est une visite à la fête foraine avec sa mère et sa grand-mère.

Pour Zayn, alors âgé de trois ans, toutes ces lumières, ce bruit et cette atmosphère festive furent une expérience inoubliable. Chez lui, Zayn aimait être au centre de l'attention, mais, quand il sortait, ses sens, captivés par ce qui se passait autour de lui, étaient en alerte.

Et, maintenant qu'il est célèbre, sa vie est le plus souvent haute en couleur, trépidante et exaltante, un peu à l'image d'une fête foraine.

Il est allé au collège de Lower Fields, dans Fenby Avenue, à Bradford. La devise du collège était « Partager une même vision, atteindre ses objectifs ». C'est là-bas qu'il s'est découvert une passion qui allait un jour le propulser sous les feux des projecteurs.

— J'ai toujours aimé chanter, dit-il.

Zayn s'est produit pour la première fois en public avec le chœur de l'école devant le maire de la ville, dans un supermarché de la chaîne

Asda. Il a également participé à des spectacles de théâtre. Son professeur principal, John Edwards, dit à propos de son élève entre-temps devenu célèbre :

— Je me rappelle un jeune garçon agréable et travailleur, qui a tenu le premier rôle dans le spectacle de fin d'année quand il était en troisième.

Zayn a en effet coulé des jours heureux quand il était au collège. Néanmoins, étant issu d'un couple mixte, il éprouva des difficultés à ses premières années à l'école.

— J'avais l'impression que je n'avais pas ma place dans les deux premières écoles que j'ai fréquentées, parce que j'étais le seul à avoir des parents de deux cultures différentes, écrit-il dans le livre *Dare to Dream : Life as One Direction.*

Ce sentiment de rejet a finalement décidé ses parents à l'inscrire dans une autre école, où il s'est mieux intégré.

C'est là qu'il a commencé à prendre conscience du charme qu'il exerçait sur les filles. La première fois qu'il a embrassé une fille, Zayn a dû improviser.

— Je devais avoir huit ou neuf ans. [Ou peut-être dix, mais il n'en est pas certain.] Je me souviens que la fille était plus grande que moi, que nous étions dans un terrain vague et que j'ai dû grimper sur une brique pour pouvoir me hisser à sa hauteur. C'est la seule chose dont je me souvienne vraiment à propos de mon premier baiser.

En grandissant, Zayn est devenu de plus en plus sensible au charme du beau sexe, y compris des femmes célèbres.

— La première star pour qui j'ai eu un coup de cœur était Megan Fox, confesse-t-il. Quand j'ai vu *Transformers*, je l'ai trouvée particulièrement craquante.

Ce n'est pas un hasard si c'est vers cette époque que Zayn a commencé à soigner son apparence. Étant devenu un amateur de belles filles, il voulait être à son avantage. Cela étant, il est coquet comme peu de garçons le sont à son âge.

Zayn est tellement soucieux de son image qu'il n'hésite pas à sacrifier une demi-heure de sommeil chaque matin pour pouvoir se pomponner et se coiffer. Est-ce parce qu'il a toujours vécu entouré de femmes qu'il est aussi attaché à son apparence ? C'était son père qui lui coupait les cheveux quand il était petit et qui l'aidait à se préparer pour aller à l'école. Quoi qu'il en soit, tout le soin qu'il consacre à sa toilette n'est pas vain, car il est tout simplement à tomber à la renverse.

Voulant plaire aux filles, Zayn a essayé différents looks pour capter leur attention tout en cherchant sa véritable personnalité. À une époque, il s'est rasé complètement la tête et même partiellement les sourcils. Fan de hip-hop et de R&B, il essayait d'avoir le look qui tue ; son objectif principal étant d'avoir l'air « dur et cool ».

Aujourd'hui, avec le recul, il n'est pas sûr d'avoir réussi. En tout cas, il plaisait et, à l'âge de quinze ans, il a commencé à sortir sérieusement avec une fille. Avant de devenir célèbre, il n'a eu que trois petites amies. Ce qu'il aime par-dessus tout chez une fille, c'est qu'elle ait du caractère et de l'humour.

Il place ces deux critères au-dessus de la beauté physique. Il tient à garder secrets certains détails de sa vic sentimentale. Quand on lui demande quand est-ce qu'il a perdu sa virginité, Zayn répond d'un ton évasif, mi-figue, mi-raisin :

— Un gentleman ne dit jamais ces choses-là.

Son amour du chant et de la scène n'a fait que croître d'année en année. Il aimait se produire en public, ce sentiment grisant d'être vivant et au centre de l'attention. De plus, c'était un exutoire pour sa formidable énergie. Zayn était un garçon tellement remuant que Tricia l'a amené une fois chez le médecin pour voir s'il n'y avait pas un moyen de le rendre plus calme.

À la maison, il se livrait à des miniconcerts devant la famille et interprétait des chansons d'artistes comme Daniel Bedingfield. Il n'avait aucun moyen de le savoir à l'époque, mais l'un des plus grands fans de Bedingfield se trouvait être un certain Simon Cowell, l'homme qui allait un jour changer la vie de Zayn.

En plus du chant, Zayn s'était découvert une passion pour la comédie. Au collège, il a participé à une production de *Grease*. D'un petit gabarit, il ne pouvait pas incarner le personnage principal (contrairement à Louis), si bien qu'un rôle avait dû être créé spécialement pour lui.

Dans la foulée, il fut engagé pour jouer dans d'autres pièces, comme la comédie *Bugsy Malone* (où il se vit attribuer le rôle-titre du gangster au grand cœur), ainsi que dans une fantaisie musicale sur le thème des *Mille et Une Nuits*.

Se glisser dans la peau d'un personnage et endosser une autre identité lui procuraient un sentiment de libération et d'euphorie. Il était tellement excité après certaines représentations, qu'il lui fallait un certain temps avant de redescendre sur terre et de se détendre suffisamment pour pouvoir dormir. Il était en train de découvrir ce que de nombreux artistes décrivent comme « l'ivresse de la scène ».

Mais du moins avait-il de nouveaux amis avec qui partager cette expérience. De nos jours encore, il continue d'entretenir des liens avec un grand nombre de ses amis comédiens de l'époque. Malgré un emploi du temps chargé, Zayn s'efforce de garder les pieds sur terre, et rester en contact avec ses amis d'enfance est selon lui la meilleure façon d'y parvenir.

Zayn ne correspond pas exactement au profil du puîné. Par exemple, de nombreux psychologues s'accordent pour dire que le second aura tendance à exceller dans des activités extrascolaires plutôt qu'à l'école, alors que Zayn excellait dans les deux.

À huit ans, il savait déjà lire aussi bien qu'un adulte. Il était également très bon en dessin, un talent qu'il pense avoir hérité de son père.

Zayn a passé brillamment 11 épreuves au brevet et même sauté une classe tant ses notes étaient excellentes en anglais.

Après quoi, il a demandé à repasser les épreuves l'année suivante dans l'espoir d'améliorer encore son score. Sa demande a été rejetée, mais il s'en sort tout de même avec une moyenne plus qu'honorable. Bref, Zayn n'est pas juste un beau gosse.

Né sous le signe du Capricorne, il est censé être ambitieux et drôle tout en étant réservé et timide. Et le fait est que ces traits de caractère résument assez bien sa personnalité. Son sens de la repartie dans certaines situations a conquis ses fans, même s'ils ont remarqué qu'il pouvait aussi se montrer plutôt laconique.

Quand il évoque son enfance, il se souvient qu'il aimait être au centre de l'attention, mais aussi parfois se retirer au calme dans sa chambre. Ces contrastes font de Zayn un personnage mystérieux, à la personnalité multidimensionnelle, et c'est probablement cette complexité qui lui confère cette qualité appelée *X factor*, propre à tous les artistes du showbiz.

Il était de toute évidence un candidat de choix pour le télé-crochet du même nom. S'étant distingué comme une « star » au lycée de Tong High, il pouvait se permettre de mettre ses études provisoirement de côté pour se lancer dans la compétition de *The X Factor*. Le proviseur, Steve Gates, a confié au journal *Telegraph and Argus* :

— Zayn était un élève modèle, excellent dans les arts du spectacle, l'une des matières phares du lycée Tong. Il a toujours été l'un de nos meilleurs éléments dans tous les spectacles que nous avons donnés.

C'est l'un de ses professeurs de musique qui a suggéré à Zayn de se lancer dans *The X Factor*. Il lui a fallu un certain temps avant de trouver le courage de passer l'audition.

En 2008, quand il avait 15 ans – l'année où Liam Payne avait passé sa première audition avec succès –, Zayn avait réussi à se procurer une fiche de candidature, mais sans jamais se décider à la remplir. L'année suivante, idem.

L'envie de participer à l'émission était très forte, mais avait-il le cran nécessaire ? Il savait qu'il avait un physique avantageux, mais il n'était pas sûr d'avoir une voix assez puissante ou la résistance nerveuse suffisante pour aller jusqu'au bout.

C'est finalement en 2010 qu'il décida de se lancer. Il remplit la fiche et la renvoya. Malgré cela, il avait encore besoin d'encouragements et, quand arriva le jour de l'audition, il avait à nouveau changé d'avis. La peur d'être recalé le

Cinq artistes (en
artant d'en haut et
e gauche à droite),
Niall, Harry, Louis,
Liam et Zayn se
encontrent : One
Direction est né.

Des liens se créent entre les cinq garçons
qui trouvent rapidement leur propre style.

Photo de fans : ici avec Simon Cowell qui a conduit le groupe à la victoire dans *X Factor*.

Un moment de complicité avec Nicky Byrne et Shane Filan de Westlife.

L'accueil des fans, plein de ferveur,
fait vibrer les membres du groupe.

Sur scène au Louis' old school à Doncaster lors de la finale.

Qui est qui ? Les fans ne risquent pas de se tromper !

Harry, en visite dans sa ville natale, prend un bain de fans.

Insouciant et très classe, le groupe One Direction sur le tapis rouge pour la première *Des Chroniques de Narnia*.

Quatre garçons dans le vent lors de la sortie mondiale de *Harry Potter et les reliques de la mort - partie 1*.

En conférence de presse avant la finale
de *X Factor*, ils sont détendus et confiants.

Avec les autres concurrents, dont le gagnant, Matt Cardle.

Le groupe, sur scène à Birmingham,
lors du *X Factor live tour*.

One direction et Pokémon, une alliance de choc !

taraudait. C'est sa mère qui dut le tirer du lit et lui ordonner d'aller à l'audition.

— J'étais complètement paniqué, mais elle a insisté en me disant qu'il ne fallait pas que je laisse passer ma chance, se souvient Zayn.

Ce qui arriva ensuite vient confirmer que le vieux dicton « Une mère ne se trompe jamais » comporte une part de vérité.

4

NIALL HORAN

Quand One Direction pulvérisa les charts américains, l'un des tout premiers à féliciter les garçons sur Twitter fut le roi de la pop en personne, Justin Bieber. Après avoir félicité toute la troupe, l'idole canadienne envoya un tweet sur le compte perso de Niall Horan :

— Ce sont toujours les meilleurs qui gagnent, frérot.

Ce message tombait fort à propos, car non seulement Niall était un fervent admirateur de Bieber, mais il faisait également partie des battants.

Loyal, chaleureux et vif d'esprit, le jeune Irlandais a toujours apporté la joie de vivre à ceux qui l'ont côtoyé.

Bieber est loin d'être le seul à apprécier Niall, qui compte un grand nombre de supporters et d'admirateurs.

Mais quelle enfance a connue notre héros irlandais ? Quand on lui demande de décrire la famille Horan, le père de Niall répond sans ambages :

— Nous sommes des gens ordinaires.

Niall Timothy Horan est né le 13 septembre 1993 et a grandi à Mullingar, dans le comté de Westmeath, Irlande. Niall décrit sa ville natale comme petite et tranquille, qui n'a pas grand-chose à offrir aux jeunes comme divertissements. Le fait est que ses lacs d'une beauté à couper le souffle sont sa principale attraction, mais ils ne présentent guère d'intérêt pour des ados en quête de sensations fortes.

Cela étant, Niall est resté profondément attaché à sa terre natale. Même après être devenu une star internationale, il continue d'affirmer que c'est à Mullingar qu'il passe ses meilleures soirées, en compagnie de ses amis d'enfance.

La ville est fière du succès de Niall, au point que les élus envisagent de lui ériger une statue. Plus généralement, Niall est fier de ses racines irlandaises et de porter la bannière de l'Irlande sur la scène internationale.

La seule chose qui le dérange, c'est quand les gens font des remarques ineptes à propos de l'Irlande et des Irlandais.

Par exemple, quand ils lui demandent s'il aime les pommes de terre (allusion à l'époque de la Grande Famine).

Bien que Niall soit aujourd'hui amené à voyager dans le monde entier et à mener une vie de coq en pâte, il a la nostalgie de son pays.

Comme le fait remarquer son ami d'enfance Sean Cullen, Niall s'efforce toujours de garder le contact malgré le tourbillon du succès et de la célébrité.

— Il n'y a rien que Niall aime mieux que revenir au pays.

Niall n'a vécu dans le centre-ville que jusqu'à l'âge de quatre ans. Ses parents venaient de s'installer dans une maison avec un terrain à l'extérieur de Mullingar quand ils décidèrent de se séparer. Ce fut un moment très difficile pour toute la famille.

Mais Niall, encore très jeune à l'époque de la séparation, ne prit pas toute la mesure des bouleversements affectifs et matériels qui en résultèrent. Au début, il partit vivre avec sa mère, puis finit par aller s'installer chez son père, dont le domicile était plus proche de son école.

Parmi ses premiers souvenirs, il se revoit en train de jouer dans la rue avec son frère aîné et d'autres enfants. Les rapports n'étaient pas particulièrement harmonieux entre les deux frères. Non seulement Niall était le plus jeune, mais il était petit pour son âge, ce qui lui donnait un air vulnérable (cela ne l'a pas empêché une fois de frapper son frère Greg jusqu'au sang avec une raquette de ping-pong).

Parmi ses jouets de prédilection, il y avait un tracteur que Niall enfourchait pour dévaler la rue coiffé d'un casque et armé d'un énorme pistolet en plastique. Puis, un Noël, on lui offrit un Scalextric.

— Je devais avoir quatre ou cinq ans à l'époque, et je ne me souviens pas d'avoir reçu un jouet qui m'ait fait autant plaisir, a-t-il confié à Capital Radio.

Ils avaient également des poissons rouges, qu'ils avaient baptisés Tom et Jerry, mais qui sont morts de suralimentation, une expérience pénible pour toute la famille.

Il y avait souvent des tensions entre les deux frères. Niall a déclaré que, pendant des années, Greg et lui s'étaient détestés, mais qu'aujourd'hui ils étaient réconciliés et proches l'un de l'autre.

Parmi les souvenirs marquants de son enfance, il y a un voyage en famille à New York et une crise de larmes le premier jour de la rentrée des classes. Cependant, Niall ne tarda pas à trouver ses marques à l'école et devint un élève plutôt turbulent. Il adorait faire le pitre et « bavardait beaucoup pendant les leçons », mais jamais au point de s'attirer les foudres de ses professeurs, sauf une fois, quand l'idée lui prit de faire l'école buissonnière.

Ses matières préférées étaient la géographie et le français ; l'anglais et les maths n'étaient pas ses points forts. L'un de ses plus proches camarades d'école s'appelait Nicky. Ils avaient sympathisé un jour où Nicky avait lâché un pet sonore qui avait mis brusquement fin à la monotonie du cours de géographie. Nicky était loin de s'imaginer que ce pet tonitruant allait marquer le début d'une amitié indéfectible entre lui et une future star internationale de la musique pop.

Pendant tout ce temps, la passion de Niall pour la musique ne cessait de grandir. Il avait appris à jouer de la flûte à bec peu après son entrée à l'école et continuait de développer les talents de musicien qui allaient le rendre célèbre.

La première personne à avoir remarqué qu'il avait une belle voix était la professeure de musique de l'école primaire, Mme Caulfield, qui, l'ayant entendu chanter dans les chœurs de Noël, avait décidé de l'inscrire dans le chœur de la ville.

Il n'avait que huit ans. Son amour du chant n'avait pas non plus échappé à ses proches. Un jour que sa tante et lui se rendaient en voiture à Galway, il s'était mis à chanter des airs de Garth Brooks. Il chantait tellement bien que sa tante a cru que c'était la radio. À compter de ce jour, elle s'est mise à croire dur comme fer que son neveu avait l'étoffe d'une pop star.

Comme le fait remarquer Niall, le célèbre chanteur Michael Bublé avait connu une expérience similaire à bord d'une voiture.

Très attentif à la carrière des autres artistes, Niall était fasciné par cette coïncidence, même s'il était loin de se douter qu'un jour il lui serait donné de rencontrer son héros.

La musique et la carrière de Frank Sinatra étaient une autre source d'inspiration. Sans

Sinatra, explique-t-il, il ne serait jamais devenu lui-même chanteur.

Il y a quelque chose d'émouvant dans le fait que Niall, un jeune homme qui inspire aujourd'hui un si grand nombre de personnes, a lui-même été inspiré par les générations précédentes.

Longtemps, son rêve le plus cher fut de chanter en duo avec Justin Bieber, un rêve qui ne semble plus aussi inaccessible maintenant que Niall caracole au sommet des charts.

Deux ans plus tard, il intégrait le chœur de la ville. Cette fois, Niall allait pouvoir exercer ses talents de chanteur et de comédien à un autre niveau.

— J'ai toujours chanté. Quand j'avais 10 ans, j'ai joué le rôle d'Oliver à l'école, et je me souviens que j'étais vraiment à l'aise sur scène, dit-il.

En plus du chant et de la comédie, il s'était mis à la guitare. Il avait douze ans à l'époque.

— Il suivait des cours en ligne sur Internet, se rappelle Robert, son père.

Quand il s'est senti suffisamment à l'aise avec sa guitare, il a commencé à participer à des concours. Parmi les airs qu'il chantait figuraient « I'm Yours » de Jason Mraz, « Last Request » de Paolo Nitini et « The Man Who Can't Be Moved » de The Script. Parfois, il concourait en tandem avec son ami Kieron, qui l'accompagnait à la guitare.

Leur duo ne passait pas inaperçu. Le premier crochet auquel ils ont participé était un concours régional. Niall, qui n'avait que treize ans, fut remarqué par la presse locale, ce qui lui valut d'avoir sa photo dans le journal, un avant-goût de ce que pouvait être la célébrité.

Il était à la fois ravi et troublé de voir son nom dans la presse. Il ressentit une bouffée de fierté quand il vit la réaction de ses parents et de ses amis. Il remporta le deuxième radio-crochet auquel il participa, avec la chanson « With You » de Chris Brown. Cette victoire lui donna l'assurance dont il avait besoin pour songer à devenir chanteur professionnel.

À nouveau, sa participation à la compétition régionale *Stars in Their Eyes* lui valut les éloges de la presse.

Il était ravi et se sentait de plus en plus sûr de lui. Était-il possible que sa tante ait eu raison ? Était-il vraiment destiné à devenir une idole de la scène pop ?

Il se retrouva bientôt engagé pour chanter à des galas de bienfaisance. Dans l'un d'eux, il se produisit en première partie de Lloyd Daniels, le finaliste de la saison 2009 de *The X Factor*.

Vivement impressionné par la prestation de Daniels, Niall avait confié au jeune Gallois qu'il avait l'intention de se lancer lui aussi dans l'aventure. Daniels soutiendra plus tard qu'il l'avait encouragé, mais Niall a une autre version des faits : il se souvient que le chanteur à la gueule d'ange avait eu l'air moins qu'enthousiaste.

À part se produire sur scène, Niall aimait aussi écouter de la musique, en particulier celle du groupe Westlife. Il était également devenu fan de Justin Bieber et des Jonas Brothers.

— Ce sont des légendes, dit-il à leur sujet.

Tandis qu'il écoutait leurs albums, il était loin de se douter qu'un jour il les rencontrerait en personne et commencerait lui-même à s'engager dans la voie du succès.

La vie sentimentale de Niall est moins exaltante que celle des autres membres de One Direction, même s'il a eu quelques aventures avec le beau sexe. Il a échangé son premier baiser à l'âge de 11 ans.

C'était avec une jeune Française en séjour linguistique qui logeait dans la famille d'un ami de Niall. Il avait aussi un penchant pour certaines célébrités du sexe féminin, comme Jennifer Lopez.

— Qui peut résister à cette chute de reins ? s'interroge-t-il tout haut.

Il a eu une idylle quand il avait treize ans, mais reconnaît que ce n'était pas une relation sérieuse ou durable.

— Je n'ai pas connu tant de filles que ça, a-t-il confié au magazine *OK !* J'aime bien rester chez moi et me détendre en regardant un film à la télé.

Parmi les autres épisodes mémorables de l'enfance de Niall, il y a quelques matches de foot épiques, ainsi qu'une collection de coiffures extravagantes qui aujourd'hui le font se hérisser. Pourtant, aucun de ces passe-temps n'a jamais nui à David Beckham. Les parents de Niall ne sont guère loquaces au sujet de leur fils.

— C'est un garçon jovial qui ne pense à rien d'autre qu'à chanter, chanter et encore chanter, dit sa mère, Maura. À la maison, il chantait depuis le petit-déjeuner jusqu'au dîner.

Jovial est une épithète qui le décrit à merveille. Il n'y a pas grand-chose qui puisse lui faire perdre son sang-froid, hormis les pigeons, qu'il a pris en aversion après une expérience désagréable alors qu'il était en train de soulager un besoin naturel.

— Je ne peux plus les voir depuis que l'un d'eux est entré par la fenêtre de la salle de bain alors que j'étais en train de faire pipi. Je crois que les pigeons en ont après moi, a-t-il confié au *Sun*.

Pourquoi les pigeons se comporteraient-ils différemment des millions de fans de One Direction ?

Robert, le père de Niall, explique que son fils avait des dispositions évidentes pour jouer la comédie.

— Niall a toujours eu envie de monter sur scène, explique-t-il au journal *Irish Independent*. À part chanter, il passait son temps à imiter les autres quand il était petit. Il était excellent et aurait pu faire une carrière de one-man-show s'il avait voulu. Il peut imiter n'importe quel accent.

Niall est souvent le boute-en-train du boys band. Il a gardé en lui un fond d'espièglerie enfantine. Quand le groupe est en tournée et qu'il faut travailler dur, l'humour de Niall aide ses compagnons à se détendre.

Cependant, quand il le faut, Niall sait faire preuve de sérieux. Il a une volonté de fer. Quand il s'est présenté à l'audition de *The X Factor*, Niall a pris exemple sur le jeune gagnant Joe McElderry, qui donnait l'impression de savoir ce qu'il voulait et où il allait. À telle enseigne qu'il a rompu avec une fille qu'il trouvait « extra » peu après avoir passé la première épreuve de *The X Factor*.

— Il fallait que je puisse me concentrer sur ma carrière, explique-t-il.

Sa mère, Maura, nous éclaire davantage sur la relation de Niall avec cette fille.

— Il avait une copine ici, une fille du lycée, avant d'auditionner pour *The X Factor*, dira-t-elle au journal *Herald*. Mais lui avait son concours en tête, elle passait ses examens, et maintenant sa vie a complètement changé. Je ne sais pas s'il continue de la voir quand il revient à la maison. Elle était adorable, mais ils n'avaient que seize ans à l'époque l'un et l'autre : à cet âge-là, on ne peut pas avoir de relation durable.

Le fait que Niall ait rompu prouve qu'il n'auditionnait pas juste pour tenter le coup, mais parce qu'il était déterminé à gagner. Cela étant, il avait réfléchi à plusieurs plans B en cas d'échec à l'audition. Ayant décroché son bac, il comptait aller à l'université pour étudier l'ingénierie civile.

En tout cas, au train où vont les choses, il est peu probable qu'il puisse mettre son projet à exécution avant longtemps.

5

LIAM PAYNE

S'il y a une qualité qu'on peut reconnaître à Liam Paync, c'est son opiniâtreté. Ce garçon a vraiment la niaque.

Liam sait s'amuser et faire fondre les cœurs quand l'occasion se présente, mais il ne laissera jamais rien ni personne se mettre entre lui et le but qu'il s'est fixé.

Ce qui n'est pas plus mal, car, comme nombre de stars, il a dû surmonter pas mal d'épreuves pour pouvoir se hisser au sommet de la gloire. La plus emblématique de toutes est le fait qu'il soit « mort-né » comme il l'explique lui-même. Les médecins se sont demandé s'ils allaient pouvoir le ramener à la vie – un début pour le moins difficile.

Il est venu au monde le 29 août 1993, presque trois semaines avant terme, et les quatre premières années de sa vie ont été marquées par toute une série de problèmes de santé, le plus grave étant qu'un seul de ses reins fonctionnait. Cela n'arrive qu'à une personne sur 750 et entraîne toutes sortes de complications pour le patient.

Heureusement, il a survécu à cette entrée dans le monde moins que réjouissante, même si, par la suite, il a dû suivre un traitement de plusieurs années. Au début, les médecins ne comprenaient pas pourquoi il était constamment malade. Ce n'est qu'après une batterie d'analyses et de tests compliqués qu'ils ont découvert le fond du problème. Bien que Liam ait eu deux reins comme tout le monde, un seul fonctionnait normalement. Entre-temps, l'autre s'était tellement détérioré, que les médecins ne purent le sauver.

Résultat, Liam s'est vu contraint de suivre un traitement si lourd, qu'il y en a plus d'un qui, à sa place, aurait sombré dans la dépression. À un moment, il a dû subir pas moins de 32 injections matin et soir. Il avait les deux bras couverts de bleus. Comme tous les enfants qui ont traversé ce genre d'épreuves, il n'aspirait qu'à une chose : en finir avec les traitements pour pouvoir tourner la page. Plus que tout au monde, il voulait être comme tous les autres enfants de son âge.

Malgré cela, il réussissait à garder sa bonne humeur, et sa mère se souvient qu'il dansait sur l'air de *Noddy*, une émission pour enfants, dans le salon de la maison familiale.

Enfin arriva le jour où son traitement fut suffisamment allégé pour que Liam puisse mener une vie à peu près normale. Cependant, les médecins le mirent en garde, lui recommandant fortement d'adopter un mode de vie aussi sain possible.

Par exemple, il devait faire attention à ne pas consommer trop de liquide. Même l'eau devait être rationnée. Ces conseils eurent un impact considérable sur Liam, qui n'a eu de cesse de les appliquer à la lettre pour pouvoir réussir tout ce qu'il entreprenait.

Sa première école fut la primaire de Collingwood, dans Collingwood Road, à Bushbery, Wolverhampton.

Ceux qui travaillaient là-bas à l'époque ne sont pas près d'oublier Liam et ses frasques. Quelques jours seulement après la rentrée, il était convoqué dans le bureau de la directrice.

Il était particulièrement fan des bombes à eau et n'avait pas peur de grimper sur le toit de l'école pour aller récupérer un ballon égaré par des footballeurs un peu trop zélés. Bien que très joueur et espiègle, Liam était aussi très studieux, et les sciences étaient l'une de ses matières préférées.

Parallèlement, il commença à développer un goût certain pour la musique et le chant, un goût qui allait changer complètement sa vie. Liam avait tout juste cinq ans quand il se produisit pour la première fois en public.

— J'aime chanter depuis toujours et je me suis mis à chanter pour de bon après avoir participé à un karaoké dans une colonie de vacances, où j'ai bredouillé les paroles de « Let Me Entertain You » de Robbie Williams, expliquera-t-il plus tard.

Même si son imitation de Robbie Williams était loin d'être parfaite, Liam y avait pris du plaisir – sans parler des applaudissements –, et l'expérience lui avait donné envie de travailler sa voix. Sa mère était si fière de lui qu'elle a filmé la scène. Il a également évoqué un autre karaoké dans lequel il s'était essayé à la chanson « I Believe I Can Fly » de R. Kelly.

Liam était un enfant choyé. Son père Geoff et sa mère Karen avaient déjà deux filles, Nicola et Ruth, quand il est né. Toutes les deux aimaient chanter. Nicola, l'aînée de la famille, était pour Liam une figure d'autorité, presque une mère. Les psychologues spécialistes du rang des enfants au sein de la fratrie s'accordent pour dire que les derniers-nés sont généralement des charmeurs qui ont envie d'être au centre de l'attention.

Ce sont souvent des créatifs, mais moins ambitieux ou organisés que leurs frères et sœurs. On les dit rebelles et volontiers casse-cou.

Lesquelles de ces caractéristiques pourraient s'appliquer à Liam ?

Charmeur, il l'est, indéniablement. Sa beauté physique s'accompagne d'une élégance et d'un charisme qu'il puise au plus profond de lui-même. Quant à vouloir être le centre de l'attention, c'est vrai, mais dans une certaine mesure seulement.

Certes, il est à l'aise sous les feux des projecteurs et devant les caméras de télévision, mais, dans la vie de tous les jours, il se montre plutôt timide et volontiers réservé. Le fait est que nombreux sont ceux à l'avoir catalogué comme « le plus silencieux » du groupe. Est-il rebelle, créatif et casse-cou ? Il l'est, comme nous allons le voir. Cependant, s'il y a un trait caractéristique du dernier-né qui ne s'applique pas à Liam, c'est le manque d'ambition.

Plus que tout autre membre de One Direction, Liam s'est fixé un objectif à atteindre et s'y emploie corps et âme depuis des années.

Ambitieux, il l'est au point d'avoir plus d'un but dans la vie : avant de se consacrer à la musique, il avait envisagé un certain nombre d'autres possibilités, dont une carrière dans le sport. Il a essayé d'entrer dans une école de foot, mais a échoué et s'est alors tourné vers le marathon.

Sa première tentative fut une épreuve de cross-country qui fut à la fois une réussite et une révélation, puisque Liam remporta le trophée.

Cette victoire fut temporairement gâchée quand Liam se vit accusé, à tort, d'avoir triché. Il s'était retrouvé en compétition avec l'un des meilleurs athlètes de la région, et certains spectateurs n'arrivaient pas à croire que Liam, un total inconnu, ait réussi à le battre.

La semaine suivante, Liam défiait à nouveau le même coureur au cours d'une nouvelle compétition. Et à nouveau, il le battait. Cette fois, ses capacités ne faisaient plus aucun doute. À compter de ce jour, il est devenu un coureur acharné.

Il aimait par-dessus tout la sensation de liberté que procure la course au grand air, sans compter qu'il pouvait ainsi entretenir sa forme physique. Il est entré au club Bilston Athletics de Wolverhampton.

Il était tellement passionné qu'il se levait fréquemment à 6 heures du matin pour courir une douzaine de kilomètres avant de se rendre au collège, et remettait ça le soir en sortant de classe.

Cet entraînement acharné a fini par payer. À douze ans déjà, Liam était un coureur tellement accompli qu'il intégra l'équipe des élèves de terminale. Alors qu'il n'était encore qu'un préado, il s'est retrouvé en compétition avec des garçons de 18 ans. Au club, Liam continuait de s'entraîner à la compétition et, durant trois années de suite, il a fini dans les trois premiers de son groupe sur le 1500 mètres. Comme il le dit lui-même, ces succès avaient quelque chose de « surnaturel ». Il s'en est fallu de peu qu'il rejoigne l'équipe nationale. Ce fut une déception. Et il n'est pas impossible que, s'il y était parvenu, nous le connaîtrions aujourd'hui non pas en tant que membre de One Direction, mais comme champion de l'équipe de Grande-Bretagne aux Jeux olympiques de 2012.

La course à pied n'était qu'un passe-temps parmi d'autres pour Liam. Grâce à des séjours réguliers en Amérique avec sa famille, il s'était également pris de passion pour le basket et s'était inscrit dans un club en Grande-Bretagne, mais il ne tarda pas à être pris pour cible par des garçons plus âgés qui étaient jaloux de son équipement « made in America ».

Les échanges ne se limitaient pas à des bordées d'injures : affolé, Liam décida d'en parler à ses parents. À l'époque, l'une de ses sœurs sortait avec un ex-boxeur. Ses parents lui suggérèrent de suivre des cours de boxe pour que les petites brutes du club y réfléchissent à deux fois avant de s'en prendre à lui.

Souvent, les gens souffrant de problèmes rénaux évitent les sports de contact, mais Liam était déterminé à apprendre à boxer.

Dès son entrée au club de boxe, il fut jeté dans la cage aux lions : il livra l'un de ses premiers combats (il avait alors douze ans) contre un des entraîneurs, un homme de 38 ans.

Il rentrait fréquemment à la maison couvert de bleus et passablement secoué : il a eu une fracture du nez et une perforation du tympan. Mais il ne se décourageait pas et continuait de s'entraîner trois fois par semaine.

Plus que des talents pour le combat, il commençait à acquérir ce qu'il était venu chercher : la confiance en soi. Les tyrans continuèrent de lui mener la vie dure pendant un temps, allant jusqu'à le pourchasser dans la rue une fois.

Ces types étaient des lâches absolus. Non seulement ils s'attaquaient à plus petit qu'eux, mais ils le faisaient en bande.

Jusqu'au jour où Liam perdit patience et décida de défier l'un d'eux en duel. Grâce à son entraînement à la boxe, il l'emporta. Cela lui valut pas mal de déboires, au collège notamment, où il frôla le renvoi. Mais du moins avait-il réussi à montrer aux autres qu'il n'était pas du genre à se laisser marcher sur les pieds.

Parmi ses autres sports de prédilection figurait le football, à la fois en tant que joueur et en tant que spectateur, malgré sa déception de n'avoir pas réussi à intégrer l'équipe du collège.

Il ne dédaignait pas de « taquiner le ballon » pendant la récréation et était un fervent admirateur de West Bromwich Albion et des Hawthorns. Quand son équipe préférée fut qualifiée, il se joignit à tous les autres supporters qui avaient envahi la pelouse.

— Un grand moment, se souvient-il.

Il aimait aussi beaucoup les cours de gym. À tel point que ses professeurs lui conseillèrent de devenir professeur d'éducation physique.

Liam est un garçon perpétuellement tourné vers l'avenir. Enfant déjà, il songeait à ce qu'il voulait faire plus tard, tel entrer comme apprenti dans l'usine aéronautique où travaillait son père. Liam s'imaginait que le travail là-bas ressemblait à un jeu de Lego géant, même si son père lui disait que c'était en réalité très dur. *Je pourrais peut-être devenir pompier*, songeait Liam, dont l'imagination ne cessait de gambader. *Ou homme d'af-*

faires. Accro de la série télévisée *Dragon's Den*, Liam était séduit par l'idée de monter sa propre petite affaire.

Il eut l'idée d'acheter de gros paquets de bonbons format familial et de les revendre au détail au collège pour dégager des bénéfices. Les « dragons » de la série auraient sûrement été impressionnés de constater que le jeune Liam se faisait fréquemment une marge de 50 livres par semaine.

De fait, ses expériences de businessman en herbe ont appris à Liam comment chacun devrait mener sa vie. Elles l'ont aidé à se forger des opinions politiques.

— Les jeunes ne devraient pas quitter l'école sans diplôme ; ils doivent se former, a-t-il déclaré au *Sunday Times.* On ne peut tout simplement pas passer sa vie à se rouler les pouces. Il faut se bouger le cul, prendre des initiatives. Vendre des trucs sur eBay, par exemple.

Il n'est pas le seul membre de One Direction à admirer les jeunes entrepreneurs. Harry aussi s'est exprimé dans ce sens.

D'après lui, les jeunes « devraient créer leur propre entreprise et se lancer dans les affaires pour pouvoir gagner leur vie ».

Liam a essayé toutes sortes de coupes de cheveux quand il était au collège. Une coupe courte, coupe au rasoir déstructurée, et une autre, qu'il décrit comme « un gros champignon », avant d'opter pour une coupe à frange. En grandissant, il se sentait de plus en plus attiré par les filles. Il a échangé son premier baiser à 11 ans.

— Elle s'appelait Vicky et elle était adorable, se souvient-il. Que du bonheur pour un premier flirt.

Il se souvient également d'une dénommée Charnelle qui lui envoyait des lettres d'amour. Elle avait deux ans de plus que lui, mais Liam se sentait suffisamment mûr pour sortir avec une fille plus âgée.

Aucune d'elles ne se doutait que Liam allait un jour devenir une star et faire battre le cœur de millions de filles dans le monde entier.

Il est tombé follement amoureux d'une fille appelée Emily, qui s'est fait prier plus de vingt fois avant de se décider à dire oui. Il n'a obtenu ce oui qu'après lui avoir chanté « Let Me Love You » de Mario.

— Mais elle m'a plaqué le jour suivant. Elle prétendait que je lui avais forcé la main en chantant.

On sera sans doute étonné d'apprendre qu'avant de devenir célèbre et adulé par des millions d'admiratrices, Liam n'a pas toujours été heureux en amour. Un jour, des amis lui laissèrent entendre qu'une certaine fille en pinçait pour lui. Sûr de lui, il se décida à l'aborder et se retrouva éconduit : ses amis lui avaient fait une blague.

— J'étais mortifié, dit-il aujourd'hui pour décrire ce qu'il a ressenti.

Quand le *Sunday Times* lui demande quand il a perdu sa virginité, il joue la carte de la discrétion et répond avec une pointe d'humour :

— Je ne m'en souviens pas.

Pendant ce temps, la musique ne cessait de prendre de l'importance dans la vie de Liam. Sa première prestation avec « Let Me Entertain You » avait marqué le début d'une histoire d'amour entre lui et la musique.

Il en écoutait beaucoup ; ses artistes préférés étaient Robbie Williams et Oasis, dont les paroles s'accordaient avec la vision qu'il avait de la vie en général. *« You've got to make it happen »*, chante Oasis dans l'un de leurs albums.

Liam était bien du même avis. Il ne faisait pas qu'écouter des airs, il en chantait et s'était inscrit dans le chœur du collège quand il était en troisième. Chanter avec le chœur lui fournit l'occasion de se produire fréquemment en public.

Une fois, son chœur et divers autres se réunirent pour chanter tous ensemble « Lean on Me » de Bill Withers, une première mondiale.

En fait, Liam n'arrêtait pas de chanter. Quand la famille partait en pique-nique, il chantait à tue-tête dans la voiture et, quand il était à la maison, il mettait des lunettes de soleil et chantait à l'unisson avec Oasis. Liam avait des dispositions évidentes et une façon de se tenir en scène qu'il avait copiée sur Liam Gallagher : les mains dans le dos passées dans sa ceinture, le menton relevé.

Dans ces moments-là, il essayait de s'imaginer ce qu'on ressentait face à des milliers de spectateurs en délire. Une autre grande figure appréciée de Liam était le chanteur américain Usher, l'homme qui avait aidé Justin Bieber à se lancer et auquel Liam allait être comparé quand il débuterait à son tour.

Quand il eut douze ans, toujours prêt à se perfectionner, Liam rejoignit Pink Productions, un groupe local d'arts de la scène. Son professeur, Jodie Richards, se souvient de sa rencontre avec la future star.

— Liam était un garçon timide qui voulait apprendre à chanter après avoir vu ses sœurs se produire avec nous, explique-t-elle au journal *Express & Star*.

Jamais elle n'a douté de son talent, mais elle estimait qu'il avait besoin de prendre confiance en lui.

— Quand on le voit aujourd'hui, qui croirait qu'il fallait presque le pousser pour le faire monter sur scène ? Il était évident depuis le début que Liam était naturellement doué.

Elle ajoute qu'il gagnait en assurance à chaque représentation et qu'il en était venu à se produire dans « des solos importants ».

Pour résumer en quelques mots son caractère, elle dit de lui que c'était « un garçon absolument adorable », et explique combien elle est « très fière » de pouvoir dire qu'elle le connaît.

Simultanément, Liam continuait à saisir toutes les occasions qui se présentaient de participer à des karaokés, et pas seulement en Angleterre, mais également en Amérique, en Espagne et au Portugal. Bref, il s'était déjà pour ainsi dire produit dans le monde entier longtemps avant la création de One Direction. Lentement, mais sûrement, sa voix et sa présence scénique allaient s'améliorant, et, de tous les futurs membres de One Direction, Liam fut celui qui allait se montrer le plus convaincant lors de la première audition de *The X Factor*, en 2010.

Liam écoutait les retours de ses amis pour améliorer sa performance. La première fois qu'il avait passé l'audition, en 2008, ses copains l'avaient taquiné, mais sans méchanceté.

Car, au fond d'eux-mêmes, ils voulaient tous qu'il réussisse. À mesure que le grand jour approchait, il sentait l'excitation monter. Il voulait tellement réussir.

— À force de m'entendre dire que je chantais bien, ça m'a donné envie de tenter ma chance à *The X Factor*, explique-t-il.

Cela dit, pour un garçon qui était appelé à devenir une star internationale, Liam avait choisi une tenue pour le moins pittoresque.

Il portait une chemise trop grande, dont le col lui mangeait la figure, avec un gilet. Son jean aussi était trop grand, si bien qu'il avait dû serrer au maximum sa ceinture pour le faire tenir en place.

Et bien que les spectateurs aient ignoré qu'une de ses chaussures était percée, cela ne faisait qu'ajouter au malaise de Liam qui avait fait des heures de queue avant de pouvoir chanter devant Simon Cowell, Cheryl Cole et Louis Walsh.

Pour autant, il ne se laissa pas démonter, et, quand il monta sur scène, ce fut avec calme et détermination.

— Je suis ici pour gagner, dit-il au jury.

Le gant était jeté.

— Beaucoup de gens m'ont dit que j'étais un bon chanteur et que je possédais le *X Factor*, mais, même si je ne sais pas vraiment ce qu'est le *X Factor*, je suppose que vous le savez.

C'était une introduction habile et bien tournée. Simon Cowell admire les gens ambitieux, mais tout de même pas au point de les laisser se bercer d'illusions. Liam avait su se mettre intelligemment en valeur. Plus tard, il confiera qu'il était « un peu nerveux » avant de commencer à chanter, mais qu'ensuite, le trac s'était estompé.

Il a chanté « Fly Me to the Moon » en claquant des doigts et, à un moment, il a même décoché un clin d'œil à Cheryl Cole – ce qu'elle a eu l'air d'apprécier à en juger par son sourire radieux.

L'un dans l'autre, on peut dire que sa prestation était tout à fait honorable. Quand le moment est venu pour les juges de donner leur avis, c'était celui de Cowell que Liam attendait avec le plus d'impatience. Il mourait d'envie de recevoir l'approbation du président du jury, car il savait que Cowell n'était pas du genre à faire des compliments à la légère. Ce fut lui qui parla le premier, déclarant que Liam avait « du potentiel », mais qu'il lui manquait « un peu de punch et d'émotion ». Cole, quant à elle, déclara qu'elle avait aimé sa prestation et qu'elle lui trouvait du « charisme ». Louis Walsh aussi semblait charmé par le jeune homme.

— Je pense que tu pourrais faire quelque chose de très bien, lui dit le juge irlandais.

Cowell reprit alors la parole et déclara :

— Une bonne nature, un bon physique… Je crois que tu vas te faire aimer du public. Mais, pour l'heure, tu n'es qu'à quatre-vingts pour cent de ton potentiel.

À cet instant, Liam retrouva toute son assurance. Plutôt que de regimber sous la critique, il saisit l'occasion par les cheveux :

— Eh bien, donnez-moi une autre chance, et je vous donnerai les vingt pour cent manquants.

Cowell fut visiblement impressionné par sa répartie lancée avec aplomb, mais sans insolence. Et quand vint le moment de voter, les trois juges répondirent oui. Liam avait réussi ! Dehors, il fut littéralement ovationné par sa famille.

Il avait fait preuve de maturité en interprétant positivement la critique de Cowell.

— Elle m'a donné du grain à moudre, ce qui était une bonne chose, dira-t-il plus tard.

À côté de certains candidats, beaucoup plus âgés que lui, qui piquaient des crises quand le jury osait émettre une critique, le sang-froid de Liam n'en paraissait que plus admirable.

L'étape suivante du concours était le camp d'entraînement. Ce fut l'occasion pour Liam de se lier avec d'autres personnes qui partageaient les mêmes espoirs que lui.

Son instinct lui souffla qu'il avait intérêt à devenir ami avec un maximum de gens. Il se retrouva bientôt dans la peau d'un réseauteur.

— Les gens s'imaginent que ce n'est qu'un concours de chant, mais c'est bien plus que cela, explique-t-il tout en reconnaissant qu'il a pris beaucoup de plaisir à se faire de nouveaux amis.

Puis il remonta sur scène et se donna à fond cette fois. Les juges furent impressionnés.

— Très convaincant, très professionnel, mais tu n'as que quatorze ans, lui dit Walsh.

— Liam, tu es un petit outsider, ajouta Cowell, arrachant un petit sourire plein de fierté à Liam.

Plus tard, les candidats furent réunis pour entendre le verdict tant redouté. Si de nombreux camarades se sentaient sur le fil du rasoir en attendant les délibérations du jury, Liam, pour sa part, se disait confiant.

Une fois encore, son instinct l'avait mis sur la bonne voie : il faisait partie des heureux élus admis à participer à la deuxième étape du camp d'entraînement.

Il était, se souvient-il, « légèrement plus nerveux », ce jour-là, quand il chanta « Your Song » d'Elton John en mettant autant d'émotion et d'intensité qu'il le pouvait dans son jeu pour montrer au jury toutes les nuances dont il était capable et pour donner à Cowell les « vingt pour cent » manquants.

Après avoir chanté, Liam quitta la scène pour laisser les juges délibérer. Quand il fut sorti, Cowell dit à ses pairs :

— Je l'aime bien.

Avec une telle appréciation de la part de Cowell, les spectateurs qui avaient suivi l'épisode pensaient que Liam allait être admis à l'étape suivante, la fameuse et redoutable Maison des juges. Mais ce n'était pas aussi simple, et Liam allait découvrir les affres de la première grande épreuve du concours. Les candidats furent appelés sur scène par petits groupes pour s'entendre dire par le jury s'ils pouvaient passer à l'étape suivante ou s'ils étaient renvoyés chez eux. Comme toujours, les juges en firent des tonnes pour faire monter le suspense. L'un de leurs trucs préférés consistait à dire aux candidats « Nous avons de mauvaises nouvelles » avant d'ajouter après une pause interminable, quelque chose du style « Vous allez devoir nous supporter encore un petit moment vu que vous avez été admis ! »

Quand vint le tour de Liam et ses camarades, il écouta attentivement les paroles de Cowell.

— Quoi qu'il advienne, vous pourrez repartir la tête haute, leur dit le président du jury.

Puis, il a ajouté :

— Les nouvelles ne sont pas bonnes.

Tandis qu'ils quittaient la scène, Liam se retourna brièvement vers le jury. Peut-être espérait-il un revirement de dernière minute.

Mais, une fois dans les coulisses, il était déboussolé. Il déclara qu'il pensait avoir fait des progrès, puis dit :

— J'ai le sentiment qu'on m'a volé quelque chose.

Les juges revinrent à l'écran où on les vit changer d'avis au sujet de Liam.

— Moi, je vous dis que ce gamin a quelque chose, disait Cowell, déclarant qu'ils auraient dû lui donner sa chance. Je vous assure que c'est la bonne décision, disait-il.

Et les autres semblaient aller dans son sens.

L'un des régisseurs s'approcha de Liam pour lui dire que les juges voulaient qu'il revienne sur scène. Naturellement, il eut un choc. Il avait regardé les autres saisons du concours et savait qu'il y avait toujours des « revirements de dernière minute » pour faire monter la tension parmi les téléspectateurs. Mais, tout en espérant s'entendre dire qu'il était de retour dans la compétition, il savait qu'il valait mieux ne pas trop y croire. Ce fut Cowell qui rompit le silence quand Liam remonta sur scène, l'air légèrement penaud.

— Je n'ai pas l'habitude de faire ce genre de choses, mais nous l'avons échappé belle, commença Cowell.

Liam l'interrompit pour plaider une dernière fois sa cause :

— Je veux aller jusqu'au bout, Simon.

— Je le sais, répondit Cowell. Et l'autre chose que je voulais te dire est que… nous avons changé d'avis.

Liam était tellement bouleversé et heureux qu'il est tombé à genoux.

— Je m'en serais voulu vraiment beaucoup si j'étais rentré chez moi sans avoir changé d'avis, dit Cowell.

Incroyable : Liam était le « garçon de la dernière chance » ! Il avait déjà appelé ses parents pour leur annoncer qu'il était disqualifié ; aussi, quand il les rappela pour leur dire qu'il avait finalement été admis dans la Maison des juges, ils n'eurent pas l'air convaincus.

— Non, je vous assure : j'ai été pris ! Je ne plaisante pas, dit-il.

Quelle journée ! Et quel moment d'émotion quand tous ses camarades l'encerclèrent pour le féliciter. Ce jour-là, il avait gagné plus que l'estime des juges.

Alors qu'il pensait que son aventure au sein de *The X Factor* était terminée, voilà qu'il apprenait qu'il allait se rendre à la Barbade pour chanter devant Cowell dans la Maison des juges.

Il se doutait que ça n'allait pas être de tout repos, mais il savait aussi que, s'il réussissait cette épreuve, il participerait à l'émission jusqu'au bout. Le fait que son groupe allait être coaché par son juge préféré ne faisait qu'ajouter à l'excitation de Liam.

Son groupe comptait quelques éléments particulièrement talentueux, dont un Irlandais à la mine espiègle appelé Eoghan Quigg et d'autres pointures comme Austin Drage et Scott Bruton.

À la Barbade, ils retrouvèrent Cowell et sa comparse, Sinitta. Elle se présenta devant Liam et les autres dans un maillot de bain doré, dont les échancrures laissaient peu de place à l'imagination.

— Qu'est-ce que tu *portes là* ? lui demanda Cowell.

Tous éclatèrent de rire, puis on passa aux choses sérieuses. On demanda à Liam s'il avait le trac, et il répondit qu'il se sentait d'attaque. Une fois de plus, il faisait preuve d'une étonnante maturité pour un garçon de son âge.

Il passait son temps libre à jouer au basket. Il en vint à se dire qu'il avait quelque chose en commun avec Zac Efron, le héros de *High School Musical.* Tout comme Troy, Liam essayait de trouver un équilibre entre sa passion pour le basket et sa passion pour le chant.

— L'histoire de *High School Musical*, c'est un peu la mienne, expliquait-il. Cette fois, il chanta

« A Million Love Songs » de Take That Ballad, et enchaîna avec « Hero » d'Enrique Iglesias. Vêtu de blanc des pieds à la tête, il était l'image même de la pop star angélique. Quand il eut fini, Sinitta avait l'air conquise.

— J'ai adoré, dit-elle. Il est tellement mignon et il a une belle petite voix.

À l'issue de sa prestation, Liam était sûr qu'il avait donné son maximum.

— Je ne suis pas mécontent, franchement, déclara-t-il.

Après cela, la nuit promettait d'être longue pour Liam et les autres participants. Ils devaient attendre, tenus aussi loin que possible des juges Cowell et Sinitta, lesquels étaient en train de choisir, parmi les six derniers concurrents, les trois finalistes. Liam décrit ces instants de suspense comme un engourdissement du corps et de l'esprit. À propos de ce qu'il ressentait, il déclara que son désir de gagner n'avait fait que se renforcer à chaque nouvelle épreuve.

— Je n'arrêtais pas de penser : je veux y arriver, je veux y arriver, se souvient-il.

Néanmoins, quand la décision du jury tomba, Cowell dit à Liam :

— Tu es presque la pop star idéale. J'ai pris une décision – et ça ne va pas te plaire.

Une fois encore, Liam tenta de plaider sa cause. En vain. Cette fois, il était éliminé pour de bon. Après coup, Cowell confia à la présentatrice Holly

Willoughby qu'il avait « longtemps hésité » à garder Liam parmi les finalistes. Plus tard, quand Liam regarda l'émission, il reprit confiance en apprenant qu'il avait été à deux doigts de réussir, même s'il avait du mal à encaisser le fait d'avoir été évincé.

Quand il rentra chez lui, il se remit aussitôt au travail. Cowell lui avait conseillé de passer son bac, de perfectionner son chant et de revenir dans deux ans. Et c'est exactement ce que Liam a fait. Il a lancé son propre site Internet pour promouvoir son image et décrocher autant de contrats qu'il le pouvait.

Il avait réussi à frapper l'imagination du public, fait tourner la tête des filles, et impressionné de nombreux téléspectateurs avec sa voix et sa détermination. Le jour suivant la diffusion de l'épisode de la Maison des juges, il était l'invité de Lorraine Kelly de ITV, qui lui demanda de raconter son expérience de candidat à *The X Factor.* À propos de son voyage à la Barbade, Liam déclara :

— C'était très bien, jusqu'à ce que je me prenne un coup de soleil sur les pieds.

Il ajouta qu'il avait pris soin de s'enduire de crème solaire, mais n'aurait jamais imaginé qu'il aurait dû aussi s'en mettre sur les pieds.

Kelly lui demanda qui, d'après lui, serait le finaliste du concours. Sa réponse démontre qu'il avait parfaitement compris comment fonctionne l'industrie du disque.

Évoquant les JLS comme les candidats les plus susceptibles de l'emporter, il expliqua :

— Il n'y a à l'heure actuelle aucun boys band black. Il y a donc un créneau à prendre sur le marché. Ils sont un peu comme Boyz II Men, c'est-à-dire qu'ils ont une dimension internationale.

JLS sortirent vainqueurs de la compétition, mais leur succès était tel que leur victoire semblait aller de soi et ne fut donc pas vraiment une surprise.

Néanmoins, la pertinence de l'analyse de Liam quant aux chances de réussite du groupe nous laisse pantois de la part d'un garçon de 15 ans.

La déception de Liam d'avoir été évincé des finales était encore palpable, et il confia à Lorraine Kelly qu'après avoir été si près du but il avait du mal à s'en remettre.

Quand elle s'étonna de son aisance tout au long de la compétition, il lui expliqua que cela tenait au fait qu'il aimait chanter : pourquoi se mettre la rate au court-bouillon quand on fait quelque chose qu'on aime ? Comme la plupart de ses déclarations, celle-ci était marquée au coin du bon sens. Il expliqua qu'il aurait adoré se représenter en 2009 (ce qui s'avéra impossible, car l'âge minimum requis avait été relevé à seize ans, et Liam n'en aurait que quinze au moment des auditions).

Cependant, il était farouchement décidé à retenter sa chance et espérait que cette fois il pourrait aller jusqu'en finale. Il fit remarquer que le gagnant de la saison 2008 de *Britain's Got Talent,* le jeune George Sampson, avait dû tenter deux fois sa chance avant de sortir vainqueur, et que, par conséquent et compte tenu d'une première expérience « plutôt encourageante » à *The X Factor*, il avait de bonnes chances de se qualifier la deuxième fois.

— Tout ce qu'il me reste à faire désormais, dit-il, c'est réussir à l'examen.

Et c'est ce qu'il a fait haut la main.

6

TOUT POUR LA MUSIQUE !

The X Factor a été beaucoup critiqué depuis sa création le 4 septembre 2004. Depuis, il s'est retrouvé en concurrence avec des émissions du même type qui ont cherché à lui ravir la première place. Cependant, à l'heure où j'écris ces lignes, il demeure le télé-crochet favori des Britanniques et celui qui rapporte à ses participants les sommes les plus faramineuses.

À l'image du pathos que son créateur aime à insuffler dans l'émission elle-même, la production a connu des hauts et des bas. Elle a engendré autant de flops que de réels succès, et l'un de ceux-là est sans conteste One Direction.

The X Factor a été conçu, créé et mis en œuvre par Simon Cowell qui avait connu la gloire (et l'infamie) grâce à l'émission de téléréalité *Pop Idol* lancée en 2001. Encore méconnu en dehors des premiers cercles de l'industrie du disque britannique, Cowell s'est rapidement distingué comme étant le rabat-joie de l'émission, celui qui vous disait vos quatre vérités sans mâcher ses mots. Qu'il soit détesté par les uns ou adulé par les autres, il n'a jamais laissé personne indifférent. En l'espace de deux saisons de *Pop Idol*, il est devenu une célébrité nationale. Après quoi, sa réputation a gagné les États-Unis. Là, ses interventions à l'emporte-pièce dans *American Idol* firent fortement réagir les téléspectateurs habitués au politiquement correct et à la pensée positive.

Pendant ce temps, en Grande-Bretagne, Cowell savourait son triomphe tout en réfléchissant secrètement à un moyen de doper l'émission. Son statut de membre du jury-vedette ne lui suffisait pas. Son ambition financière étant sans limites, il imagina *The X Factor*, une nouvelle émission dont il serait à la fois producteur et membre du jury.

Grâce à elle, de grands artistes comme Leona Lewis, Alexandra Burke, G4, Olly Murs et JLS ont vu le jour. Certes, il y eut aussi quelques bides comme Steve Brookstein et Leon Jackson. D'autres finalistes, comme McElderry, ont piétiné avant d'atteindre un certain succès, grâce ou malgré le fait qu'ils étaient associés à l'émission.

Parmi les différences notables entre *Pop Idol* et *The X Factor*, la plus importante pour One Direction est qu'au cours des dernières saisons, les candidats ont été autorisés à auditionner en groupe. Cet apport a donné un nouveau souffle à l'émission.

Cela étant dit, les groupes n'ont pas tous eu la tâche facile. Les télé-crochets s'attachent à faire ressortir les côtés parfois dramatiques du parcours personnel des candidats, mais il est plus difficile de faire de même avec un groupe. Alors que certains ont contribué au succès de l'émission – en particulier G4, mentionnés plus haut, et JLS, tous deux finalistes de leur saison –, nombreux furent ceux à se retrouver évincés dès les premiers live. Ce n'est qu'en 2011 qu'un groupe appelé Little Mix sortit vainqueur des épreuves. Le girls band s'était formé au fil des épreuves, sous les yeux des téléspectateurs. Le jury et la production avaient estimé que plusieurs filles ayant auditionné séparément auraient plus de chances de gagner en formant un groupe. Cette même tactique fut adoptée pour la création de One Direction.

Chaque membre du groupe avait auditionné en solo en 2010. Comme nous l'avons vu, certains d'entre eux avaient déjà tenté l'expérience une première fois. Le membre du groupe à être allé le plus loin dans les épreuves était, évidemment, Liam Payne, que nous avons laissé au chapitre précédent alors qu'il était en train de se remettre de son échec de 2008. Il était en train de transformer cette déception en énergie positive : une volonté farouche de devenir une pop star. Il voulait être le prochain Robbie Williams.

Grâce à la fugace et modeste renommée qu'il avait acquise durant l'édition 2008 de *The X Factor*, il ne partait pas de zéro. Mais il n'en avait pas encore fini avec l'émission et voulait tenter à nouveau sa chance. Rien ne pouvait l'arrêter, pas même les réticences de ses amis ou de sa famille qui craignaient que Liam ne s'effondre s'il échouait une deuxième fois.

Un journaliste qui a rencontré Liam alors qu'il passait l'audition de la saison 2010 le décrit comme quelqu'un qui avait su actualiser son image pour la mettre au goût du jour. Il se souvient qu'il « avait plus l'air d'une star, avec son tee-shirt rock, son jean étroit et sa coiffure au gel super élaborée ». Il avait travaillé dur entre les deux auditions, tant au plan scolaire que musical. Après avoir passé son bac au Lycée St Peter's, il s'était inscrit en classe de musique au collège universitaire de Wolverhampton. Il s'était produit un certain nombre de fois sur scène après sa participation à la saison 2008 de *The X Factor*, dont une devant un parterre de 29 000 fans au Molineux Stadium, la base de l'équipe de football les Wanderers de Wolverhampton. Ce concert eut lieu à l'occasion du match qui opposa l'équipe locale à Manchester United. Curieusement, il s'était payé le culot d'engager certaines personnes qu'il décrivait comme ses « managers » pour le guider dans ses débuts.

Tandis que Liam faisait la queue pour repasser l'audition en 2010, l'équipe de télévision décida de l'interviewer. Ce choix allait de soi dès lors que les téléspectateurs étaient nombreux à se souvenir de lui (sans compter que les candidats qui tentent leur chance une deuxième fois apportent à l'émission cette touche mélodramatique si chère à Simon Cowell). Interrogé sur son éviction quand il était à la Barbade, Liam répondit :

— Je crois que Simon a pris la bonne décision. Ça m'a donné le temps de me perfectionner. Je crois que si j'avais fait les live quand j'avais quinze ans, j'aurais galéré. Je n'étais jamais monté sur une grande scène, mais entre-temps j'ai acquis de l'expérience. Et franchement, je dois une fière chandelle à Simon. Rien n'arrive par hasard. Je suis beaucoup plus mûr aujourd'hui, et je me suis déjà produit devant des milliers de spectateurs.

Cela dit, il reconnaissait que son premier échec l'avait rudement ébranlé.

— C'était un crève-cœur, expliqua-t-il. Maintenant, je sais ce qu'on ressent quand on se fait éjecter.

À propos de son audition à venir, il concéda ouvertement qu'il y avait un homme en particulier qu'il voulait impressionner. Il expliqua qu'un oui de Cowell serait pour lui « la plus belle des récompenses ». Et ce fut à Cowell que Liam s'adressa en premier quand il monta sur scène.

— Comment ça va, Simon ? demanda-t-il le plus naturellement du monde. Il y a un bail qu'on ne s'était pas vus !

Après quoi, il confirma que deux ans s'étaient écoulés depuis sa dernière audition et qu'il avait réussi à « aller jusqu'à la maison de Simon à la Barbade ». Il paraissait très détendu et sûr de lui.

Mais, en dedans, c'était une autre affaire. En fait, écrira-t-il plus tard, il trouvait « bizarre » et presque « surréaliste » de se retrouver face au jury. Il déclara qu'il allait chanter « Cry Me a River ». Cole pensait qu'il se référait à la chanson de Justin Timberlake, jusqu'à ce que les premiers accords de la chanson de Michael Bublé retentissent.

À la fin de la chanson, il eut droit à une ovation debout de la part du public et des membres du jury, y compris Simon Cowell – excusez du peu. Liam était tellement ému et abasourdi qu'il faillit fondre en larmes. Mais il se ressaisit et attendit le verdict des juges. Cheryl Cole parla la première.

— Quoi que ce puisse être, tu l'as vraiment, lui dit-elle à sa grande joie. Et j'ai trouvé que ta voix était très, très puissante.

Natalie Imbruglia partageait cette opinion, se déclarant « très, très impressionnée » avant d'ajouter que les autres candidats avaient « du souci à se faire ». Louis Walsh, le félicita et indiqua qu'il était « très, très content » que Liam soit de retour dans l'émission. Trois juges sur quatre s'étaient dits « très, très impressionnés », mais celui qu'il voulait impressionner le plus était, évidemment, Simon Cowell. Walsh donna la parole à Cowell en lui rappelant sur un ton bon enfant :

— C'est là le garçon que tu as recalé !

Cowell confirma que Liam n'était pas tout à fait prêt quand il était venu dans sa maison et expliqua qu'il lui avait conseillé de revenir dans deux ans.

— Et j'avais raison, ajouta-t-il, ne ratant jamais une occasion de se mettre en valeur.

Vint le moment de voter oui ou non. Après l'ovation debout et les commentaires flatteurs du jury, il allait de soi que le oui allait l'emporter dans la tête du public.

Mais, pour Liam, c'était un moment unique, une revanche et une immense satisfaction. Le oui de chacun des juges le combla d'aise. Mais pas autant que le verdict final de Cowell :

— Si l'on en juge par le talent, absolument incroyable, dit-il à Liam, c'est un oui franc et massif.

Ce fut un instant d'une rare intensité pour Liam, comme si la déception qui pesait jusqu'alors sur ses épaules depuis 2008 s'était subitement envolée. Il s'en retourna ensuite en coulisse, où le présentateur Dermot O'Leary l'attendait en compagnie du clan Payne.

— Tu étais absolument fantastique, lui dit sa mère.

O'Leary, qui se souvenait parfaitement de lui depuis 2008, avait l'air aussi fou de joie et fier que les parents de Liam.

— Le garçon est devenu un homme, dit-il à Liam, qui répondit qu'il était vraiment content d'avoir attendu deux ans avant de remonter sur scène pour leur montrer de quoi il était capable.

Liam était tellement heureux qu'il déclara avoir « mal aux joues à force de sourire ». Même dans ses rêves les plus fous, expliquait-il, il ne s'était pas attendu à une réaction aussi unanimement positive de la part du jury. Et maintenant, il était prêt pour le deuxième round.

— C'était tout simplement incroyable, expliqua-t-il. Que Simon se lève pour m'applaudir, je n'aurais jamais cru ça possible.

Plus tard, il prit toute la mesure de ce que cela signifiait.

— Cette audition a complètement changé ma vie, reconnut-il. Si je n'avais pas tenté une deuxième fois ma chance, à l'heure qu'il est, je serais probablement en train de travailler à l'usine.

Mais d'autres émotions fortes allaient suivre quand il regagna la maison familiale de Bushbury pour regarder la retransmission à la télévision.

— C'était un grand moment, se souvient-il. Mes parents étaient tellement positifs et fiers de moi.

À la sortie de l'audition, il s'était juré de donner tout ce qu'il est possible de donner à l'étape suivante : le camp d'entraînement. Comme nous l'avons déjà vu, durant le camp d'entraînement en 2008, il s'était constitué un réseau d'amis.

Cette fois, bien qu'il n'en sût rien encore, il allait s'y faire quatre très bons copains avec lesquels il allait former un groupe.

Harry avait passé l'audition à Manchester. Il s'était déjà produit sur scène avec White Eskimo, mais cette fois il s'agissait d'une tout autre expérience, devant 3000 spectateurs, des caméras de télévision et le jury, naturellement. Même pour l'imperturbable Harry, le moment promettait d'être éprouvant.

Heureusement, sa famille et ses amis étaient venus lui apporter leur soutien, chacun portant un tee-shirt avec l'inscription : NOUS PENSONS QUE HARRY A LE X FACTOR ! Quant à lui, il portait un tee-shirt long blanc avec un cardigan gris et un foulard à motifs verts.

— Les gens me disent que je chante bien, dit-il à O'Leary, l'invité du show.

Puis, pointant du doigt vers Anne, il ajouta :

— Ma mère en particulier.

Ce à quoi O'Leary répondit :

— Oui, comme toutes les mères !

Harry approuva, puis expliqua :

— Chanter, c'est ce que je veux faire dans la vie, et si les gens qui peuvent m'aider à réaliser mon rêve pensent que je ne suis pas fait pour ça, je vais devoir revoir mes plans.

Il reconnut être tendu et excité avant d'expliquer qu'il ne croirait vraiment qu'il avait du talent que si les juges lui donnaient le feu vert. Des tas d'amis le complimentaient sur sa voix, mais il attendait de voir ce qu'en pensaient les juges pour s'assurer que ses amis ne lui mentaient pas juste pour lui faire plaisir. Tandis qu'il attendait son tour, Harry expliqua que tout ceci lui semblait surréaliste, le même mot que celui employé par Liam pour résumer ses impressions. Juste avant de monter sur scène, il fut littéralement couvert de baisers – ce qu'il trouva « légèrement embarrassant ». À tel point qu' O'Leary lui-même demanda :

— Y en a-t-il encore un qui n'a pas eu sa bise ?

Une fois sur les planches, il parut retrouver tout son aplomb, saluant les juges d'un « Hello ! » désinvolte, même s'il reconnut après coup qu'intérieurement il « les avait à zéro ».

Il sentit une formidable montée d'adrénaline lorsqu'il entama « Isn't She Lovely » de Stevie Wonder, une chanson qu'il aimait depuis toujours et qu'il avait beaucoup répétée pour pouvoir donner son maximum sur scène.

Contrairement à la plupart des candidats, Harry demanda à chanter a cappella (sans aucun accompagnement instrumental). Sa performance fut saluée par une salve d'applaudissements. Bien que la réaction du public fût modérée comparée à l'ovation quasi hystérique à laquelle Liam avait eu droit, elle n'en était pas moins positive. Harry l'accueillit avec une petite courbette espiègle – une dose d'autodérision destinée à cacher la fierté qu'il éprouvait au fond de lui.

Cette fierté allait encore décupler quand Nicole Scherzinger prononça son verdict. Elle lui dit :

— Je suis vraiment très contente que nous ayons pu t'entendre chanter a cappella. Pour un garçon de seize ans, tu as une voix remarquable.

Sensible au charme de l'élégante invitée, il lui décocha un sourire enjôleur et la remercia. Louis

Walsh, l'homme qui dirigeait la carrière de boys bands comme Boyzone et Westlife, prit ensuite la parole pour abonder dans le sens de sa collègue.

— Je suis d'accord avec Nicole, dit-il. Néanmoins, conclut-il malheureusement, je pense que tu es encore très jeune et qu'il te manque l'expérience et l'assurance nécessaires.

Une partie du public, qui avait été conquise par la prestation de Harry, était indignée par un tel verdict et ne se gêna pas pour le faire savoir.

Cowell, qui ne rate jamais une occasion de taquiner son vieil ami Walsh, prit à son tour la parole en déclarant :

— Quelqu'un dans l'assistance a crié « foutaises », et je suis du même avis. Pour la bonne raison que cette émission s'est donné pour mission de découvrir des talents, quel que soit leur âge, quinze, seize ou dix-sept ans. Je pense qu'avec un petit peu de travail tu pourrais faire un carton.

Harry salua cette remarque avec un grand sourire : les juges n'avaient pas encore rendu leur verdict final, mais du moins avait-il reçu l'appréciation qu'il espérait.

Cela étant dit, il mourait d'envie d'être admis à l'épreuve suivante et attendait impatiemment que le jury se prononce. Walsh, en bout de table, à gauche, parla le premier.

— Harry, pour toutes sortes de raisons que j'estime fondées, je vais dire non, déclara-t-il.

Choqué et furieux, le public protesta bruyamment avec les encouragements de Cowell. Harry se joignit à eux, huant avec une insolence joyeuse, à l'opposé des réactions virulentes de certains candidats quand ils étaient éconduits.

En réalité, il savait qu'il pouvait se le permettre dès lors que deux des membres du jury l'avaient couvert de louanges. Le non de Walsh fut bientôt mis en échec par les oui retentissants de Cowell et Scherzinger.

— Je t'aime bien, lui dit Scherzinger, à la grande joie de Harry.

Il venait d'être admis au camp d'entraînement : son vœu le plus cher se réalisait. Quand il s'en fut retrouver ses supporters bouillonnant d'excitation en coulisse, Harry était tellement fou de joie qu'il fut subitement pris d'un doute absurde : à supposer que le jury change d'avis ? Mais cela ne risquait pas d'arriver.

Harry n'était pas le seul futur membre du groupe dont la première audition divisa le jury : il se passa la même chose avec Niall à Dublin. Incapable de fermer l'œil la veille au soir, il était réduit à l'état de pelote de nerfs. Il n'ignorait pas que la journée du lendemain allait être éprouvante, mais il avait beau savoir qu'il était primordial de passer une bonne nuit avant un événement de cette importance, le sommeil refusait de venir. Pour finir, il avait renoncé et s'était levé pour se préparer. Il avait choisi de porter une chemise à carreaux avec un jean et des baskets. Le jour se levait à peine quand il arriva au palais des congrès de Dublin.

Tout comme Harry, Niall fut interviewé par l'équipe de télévision avant son audition. Il déclara qu'on l'avait comparé à Justin Bieber, ajoutant qu'il y avait « pire comme comparaison ».

Il voulait remplir les stades, pulvériser les records de ventes et travailler avec « les meilleurs artistes du monde ». Il expliqua que cette audition était le point de départ de tout cela.

— Si je suis pris aujourd'hui, je vais tout faire pour gagner ! dit-il, manifestement prêt à relever le défi.

Le fait est qu'il donnait l'impression d'un garçon très sûr de lui – presque prétentieux. Mais, au vu de ce qu'il a fait par la suite, on peut dire que son assurance était fondée. Quand il monta sur scène, il salua la foule d'un « Tu vas bien, Dublin ? » Après quoi, il dit à Louis Walsh :

— Je suis ici aujourd'hui parce que je veux devenir le meilleur artiste dans ma catégorie.

Son compatriote lui demanda alors :

— Alors, comme ça, tu es le Justin Bieber irlandais ?

Niall acquiesça. Après cela, il échangea quelques traits d'humour avec l'invitée Katy Perry. Il n'en revenait pas de se retrouver à plaisanter avec une chanteuse mondialement connue. Il était loin de se douter qu'en l'espace d'un peu plus d'un an, il allait sortir son premier album dont le titre serait un hommage à Perry.

Quand arriva le moment d'auditionner pour de bon, il chanta « I'm Yours », de Jason Mraz. Simon Cowell, qui avait entendu maints candidats chanter ce titre au cours des dernières années, dit à Niall que c'était un air trop facile et lui demanda s'il en avait un autre à leur proposer. Niall dit oui, puis entonna « So Sick » de Ne-Yo.

Un choix clairement symbolique : c'était l'une des chansons que Justin Bieber avait interprétées au concours de Stratford Star et qui, indirectement, l'avaient rendu célèbre.

Niall en donna une interprétation honorable, mais sans plus. Son regard semblait centré sur le public, alors que ses futurs compagnons concentraient toute leur attention et leur énergie sur le jury lorsqu'ils auditionnaient.

Avait-il réussi à impressionner les juges ? Il avait hâte de le savoir. Perry lui dit :

— Je te trouve adorable ! Tu as du charisme, mais tu devrais t'en servir davantage. Tu n'as que seize ans : moi, j'ai débuté à quinze et je n'ai vraiment percé qu'à vingt-trois.

Une appréciation mi-figue, mi-raisin qui laissait planer un doute sur son verdict final. Cowell aussi semblait sur la réserve.

— Je crois que tu n'étais pas assez préparé : tu as fait le mauvais choix de chanson pour l'audition, tu n'es pas aussi bon que tu le croyais, mais il n'empêche que je t'aime bien, dit-il à Niall qui ne savait comment interpréter ces réactions.

La critique de Cheryl Cole allait-elle être plus positive ? La gagnante des *Popstars* déclara :

— Tu es indéniablement craquant : tu as un charme fou pour un garçon de seize ans, mais la chanson que tu as choisie était au-dessus de tes forces, mon cœur.

Chaque compliment qu'ils lui faisaient semblait s'accompagner d'un « mais ».

Le dernier à prendre la parole fut Louis Walsh. En tant qu'Irlandais et manager de boys bands, Niall espérait qu'il serait peut-être plus apte à juger de ses talents.

— Non, je crois que tu as quelque chose, dit Walsh. Je crois que les gens vont t'aimer parce que tu es quelqu'un d'adorable.

Dans l'histoire de *The X Factor,* c'est sans doute l'un des verdicts les plus… excentriques. Cowell saisit la balle au bond, déclarant sur le ton du sarcasme :

— Ah oui ? Les gens vont l'aimer parce qu'il est adorable ?

Le public éclata de rire, et Niall aussi.

— Oh ! ça va, rétorqua Walsh du tac au tac.

Quand arriva le moment du vote, il était difficile de prédire quelle serait la réponse des juges. Ce fut Cowell qui parla le premier.

— Bien, je vais dire oui, expliqua-t-il.

Niall donna un coup de poing dans l'air, comme

un footballeur qui vient de marquer un but, puis porta sa main à ses lèvres et se signa. Mais sa joie s'évapora quand Cole dit non.

Le pauvre Niall avait l'air complètement dépité. Perry aurait dû parler ensuite, mais Walsh ne lui en laissa pas le temps :

— Pour moi, c'est oui ! dit-il à Niall.

Il suffisait d'un oui de la part de Perry pour que Niall obtienne la majorité de voix nécessaires.

— Néanmoins, poursuivit Walsh avec la fougue dont il est coutumier, il a besoin de trois oui !

Sur quoi, Perry posa un doigt sur sa propre gorge, laissant entendre par ce geste qu'ils étaient en train de lui mettre la pression. Cowell, qui n'aime rien tant que les moments de tension comme celui-là, se mit à rire des frasques de Walsh. Il jubilait littéralement.

Il était clair que Perry appréciait moyennement d'être mise au pied du mur. Son cœur lui dictait de donner sa chance à ce garçon adorable, mais sa conscience lui rappelait qu'elle se devait de prononcer son verdict en toute impartialité.

— Puis-je dire que je suis d'accord avec Cheryl, quand elle dit que tu manques d'expérience, et, soit dit en passant, il ne suffit pas d'être adorable pour vendre des disques. Il faut du talent… et quelque chose me dit que tu en as.

Elle fit une pause, et Walsh – qui semblait presque aussi anxieux que Niall à présent – s'écria :

— Alloooons !

Perry médita encore un moment avant de déclarer :

— Bien sûr que c'est oui.

Niall était tellement heureux qu'il bondit en poussant un cri de joie. Capté par le micro, son cri était étonnamment plus grave que la voix qu'il prenait pour chanter.

— Ne nous déçois pas, le prévint Perry tandis qu'il quittait la scène.

Après le départ de Niall, les juges continuèrent à débattre entre eux.

— Il a du charme, dit Cowell. Il a quelque chose.

Avec le recul, la mise en garde de Perry, enjoignant Niall à ne pas les décevoir, a quelque chose d'émouvant, car il a su les combler. Quand sa carrière au sein de One Direction a fait de lui une star au Royaume-Uni, aux États-Unis et au-delà, Perry lui a envoyé un tweet :

— Félicitations, tu ne m'as pas déçue ! xo.

Les candidats décrivent souvent leur passage à *The X Factor* comme un voyage. Bien que ce terme soit devenu une sorte de cliché – à tel point que Cowell a interdit son emploi durant l'une des saisons –, dans certains cas, c'est une réalité. Pour Zayn, le « voyage » a commencé par… un long voyage. Afin de se rendre à l'audition au départ de Bradford, il a dû se lever à 2 heures du matin, et, en prévision de ce réveil aux aurores, s'était couché la veille à 4 heures de l'après-midi.

Son oncle l'a amené à Manchester où, comme Harry, Zayn a auditionné en chantant a capella. Il avait choisi « Let Me Love You » de Mario. Un classique du R&B, cette chanson a marché très fort dans un grand nombre de pays.

Il était tendu au moment de monter sur scène. Une fois sur le plateau, il a cru que ses nerfs allaient lâcher quand il a vu la salle pleine à craquer et réalisé que l'intraitable Simon Cowell siégeait à quelques mètres seulement de lui.

— Mon nom est Zayn, dit-il au jury avant de se mettre à chanter « Let Me Love You ».

Il avait répété de longues heures et était convaincu que cette chanson était faite pour sa voix. Il se donna à fond, et sa prestation fut suffisamment convaincante pour lui valoir d'être admis au camp d'entraînement. Walsh dit qu'il aimait bien Zayn, et Scherzinger déclara qu'elle lui trouvait quelque chose de spécial. Cowell aussi se déclara impressionné, mais il ajouta que Zayn devait se montrer plus ambitieux. C'était une critique juste à ce stade, mais, plus tard, Cowell allait découvrir que, sous ses dehors placides, Zayn était quelqu'un de très ambitieux, qui voulait atteindre la gloire et tout ce que celle-ci pouvait lui offrir.

Et cette ambition n'allait cesser de grandir tout au long de la compétition. Pour Zayn, le premier obstacle à surmonter était le vote. Walsh et

Scherzinger dirent oui, et Zayn les remercia poliment. À ce stade, avec déjà deux votes en poche, il était déjà certain d'aller au camp d'entraînement. Cependant, il tenait à ce que son triomphe soit total et attendait impatiemment l'approbation très prisée de Cowell.

— Zayn, ma réponse est oui, dit le président du jury.

Louis Tomlinson fut le tout dernier candidat à passer devant le jury. Une atmosphère de superstition enveloppait cet évènement : Will Young, l'un des finalistes de *Pop Idol*, avait été le dernier à se présenter à l'audition. Certains candidats sont persuadés que passer parmi les derniers augmentent leurs chances de gagner.

Tout comme Zayn, Louis avait dû se mettre en route à pas d'heure pour pouvoir arriver à temps à l'audition ; en l'occurrence, il avait quitté Manchester à minuit. Son ami Stan était avec lui.

Ils firent un petit somme dans la voiture pendant le trajet, puis, une fois au stade de Manchester MEN, ils se mirent bien sagement dans la queue et attendirent jusqu'à 4 heures du matin. Le fait que les candidats soient prêts à faire la queue aussi longtemps et de si bonne heure en dit long sur leur détermination. Les critiques des shows télévisés arguent parfois que les gagnants de *The X Factor* se voient servir la gloire sur un plateau. Et pourtant, combien d'entre eux seraient prêts à faire des heures de queue au petit matin pour passer un entretien d'embauche ? S'il y a une qualité qu'il faut reconnaître à Louis, c'est son opiniâtreté.

À l'époque, il avait un look bien différent de celui qu'il arbore aujourd'hui. Ses cheveux étaient beaucoup plus longs. Plus tard, il qualifiera son allure et sa coupe de « carrément ringardes ».

Au lieu du tee-shirt à rayures qu'il arbore de nos jours quand il est avec le groupe, il portait une chemise et une cravate avec un jean bleu et un cardigan gris. Autrement dit, le jour de l'audition, Louis avait un look mi-baba cool mi-gentil-garçon-qui-va-chez-sa-grand-mère-pour-lui-taper-des-sous. Malgré cela, il a emporté l'approbation du jury.

Louis, qui s'était endormi pendant qu'il faisait la queue, fut tiré sans ménagement du sommeil par un autre candidat avant de se retrouver dans un espace clos désigné sous le nom peu engageant de « salle de rétention ».

Là-dedans, le temps semblait avoir suspendu son vol. Enfin, un membre de la régie entra et appela le numéro de Louis. Dès lors, après des heures d'attente, tout alla très vite : avant qu'il ait pu dire ouf, Louis se retrouvait en coulisse.

Puis vint le moment pour lui d'entrer en scène. Il écrira plus tard dans le livre officiel du groupe qu'il s'était brusquement senti gagné par le trac et qu'il avait la bouche sèche. La façon dont il dit « Je m'appelle Louis Tomlinson » montre clairement qu'il était tendu. Son sourire timide aussi. Non pas que son trac l'ait desservi : plus il est timide, plus il devient craquant aux yeux de beaucoup.

Il avait choisi « Elvis Ain't Dead » du groupe de rock indé Scouting for Girls. Mais à peine avait-il ouvert la bouche que Cowell l'interrompit et lui demanda de chanter autre chose.

Comme deuxième titre, Louis avait préparé l'air nettement plus soft « Hey There Delilah » des Plain White T's.

Ce choix allait lui poser des problèmes dans les mois à venir, mais ce jour-là il lui permit d'emporter l'adhésion des juges. Scherzinger montra son enthousiasme dès les premières mesures, affichant un grand sourire tout en se balançant doucement en rythme.

Quand il eut fini, Cowell et Walsh déclarèrent qu'il avait une voix intéressante, et Scherzinger le complimenta sur sa prestance. Néanmoins, tous s'accordaient pour dire qu'il manquait d'assurance. Bien que Louis ait déclaré plus tard que la fatigue était en cause, il est indéniable qu'il n'a véritablement acquis de l'assurance qu'au fil de la compétition. Enfin arriva le moment des votes. Tout comme Niall, Louis ne savait pas à quoi s'attendre. Walsh lui dit :

— Louis, pour moi, c'est oui.

Scherzinger alla dans le même sens, déclarant :

— Je dis oui.

Louis avait-il également réussi à convaincre Cowell ?

— Tu as trois oui, prononça le président du jury.

Tous les membres du futur boys band avaient passé l'épreuve d'admission.

Quelle leçon pouvons-nous tirer du déroulement de ces auditions et des réactions qu'elles ont suscitées ? L'un des souvenirs communs à tous les garçons est que chacun désirait ardemment remporter l'approbation de Simon Cowell.

Ce qui n'a rien de vraiment étonnant : un grand nombre de candidats de *The X Factor* reconnaissent que le verdict de Cowell est le plus attendu de tous. Pour autant, les garçons déclarent voir dans le président du jury une « figure familiale » et, dans une certaine mesure, Simon Cowell partage cet avis, même s'il se définit lui-même comme jouant le rôle de l'« oncle ». De fait, ce surnom va lui rester.

Les choses se présentaient plutôt bien pour les garçons, même s'ils devaient s'attendre à traverser des turbulences dans les semaines à venir.

Quand arriva la fin du camp d'entraînement, ils étaient à deux doigts de se faire évincer, puis furent finalement repêchés pour former un groupe. Cette compétition prenait pour eux des allures de grand huit. Et, avant de se hisser au sommet du sommet, nos cinq garçons allaient toucher le fond.

— Je les ai découverts en tant que solistes,

confiera plus tard Cowell au magazine *Rolling Stone*. Chacun avait brillamment passé l'audition. Nous avions de grands espoirs, en particulier pour trois d'entre eux, puis, brusquement, tout est parti à vau-l'eau.

Il convient de souligner ici que sous la version officielle se cachait ce qui ressemble à un « élément de légende ». Officiellement, les garçons avaient déçu les espoirs des juges durant la phase du camp d'entraînement, et ce n'est qu'après les avoir renvoyés chez eux que la production avait envisagé la possibilité de former un boys band. Mais il est probable que cette décision avait déjà été prise avant.

On était en juillet 2010, et le camp d'entraînement de cinq jours allait se dérouler au stade de Wembley. Au total, 211 participants avaient passé l'audition avec succès.

Dès le premier jour, il devint évident que la sélection allait être impitoyable. Chacune des quatre catégories (garçons, filles, plus de 25 ans et groupes) devait interpréter une chanson imposée.

Pour les garçons – dont les cinq futurs membres de One Direction –, ce fut « Man in the Mirror » de Michael Jackson, l'un des très grands classiques de la musique pop et un immense défi à relever pour tous les candidats. Les autres catégories se virent également attribuer des airs truffés d'embûches : pour les filles ce fut « If I Were a Boy » de Beyoncé ; pour les groupes, « Nothing's

Gonna Stop Us Now » de Starship ; et pour les plus de 25 ans, « Poker Face » de Lady Gaga.

Une fois réunis tous les participants, Simon Cowell leur expliqua en ces termes ce qui les attendait :

— Quand cette journée s'achèvera, la moitié d'entre vous rentrera chez soi. Aujourd'hui, vous allez chanter un air chacun selon votre catégorie. Il n'y aura pas de deuxième chance.

Rude journée en perspective.

Alors qu'ils avaient pu interpréter les airs de leur choix durant les auditions, les candidats devaient cette fois passer une épreuve imposée qui allait mettre à mal leur créativité.

Cette pression immense était naturellement voulue par les juges.

Le camp d'entraînement n'a jamais été une partie de plaisir où chacun reçoit des encouragements dans un esprit de camaraderie : c'est une lutte pour la survie, un tour de manège au bord du précipice. Chaque année, le choc est rude : certains candidats qui semblaient taillés pour aller en finale perdent brusquement leurs moyens et se retrouvent éliminés après une prestation décevante, alors que d'autres, ayant passé les auditions de justesse, déploient subitement des trésors insoupçonnés de talent et de charisme.

Le choc est tout aussi rude pour la prod. Il en résulte un effet de surprise qui ne fait qu'ajouter à l'atmosphère de suspense. Il est arrivé une fois qu'un groupe de candidats soit éliminé avant même le début du camp d'entraînement. On ne peut qu'imaginer leur déception quand ils réalisèrent qu'ils allaient être renvoyés chez eux avant même d'avoir pu chanter une note.

Ces revirements brutaux sont censés aiguillonner l'intérêt des téléspectateurs.

Mais, pour certains, voir les rêves de jeunes gens voler en éclats est un spectacle cruel, à la limite du supportable.

En 2010, la première embûche du camp d'en traînement ne fut pas aussi brutale, même si elle s'avéra très inconfortable pour l'un des futurs membres de One Direction. Nos cinq garçons étaient aux anges quand ils apprirent que leur interprétation de « Man in the Mirror » leur avait valu de rester dans la compétition.

Ce soir-là, à l'hôtel, ils ne se privèrent pas de laisser libre cours à leur joie. Ils étaient à nouveau gonflés à bloc. Cependant, leur euphorie allait retomber d'un coup le lendemain, quand on annonça aux candidats restants que l'épreuve du jour ne serait pas une chanson, mais une danse.

Zayn ne fut pas le seul à se retrouver gêné aux entournures par cette nouvelle inattendue. Plusieurs autres participants ne se sentaient pas de taille à affronter l'épreuve. Parmi eux, la chanteuse irlandaise Mary Byrne. Mais aucun ne réagit de façon aussi extrême que Zayn, quand le chorégraphe Brian Friedman leur dit :

— Il ne faut pas avoir peur : nous allons travailler la présence scénique et apprendre une chorégraphie.

Pour Zayn, cet encouragement arrivait trop tard. Il avait la danse en horreur : c'est durant cette étape de la compétition que les téléspectateurs le découvrirent pour la première fois à l'écran. On le voyait en train de dire à l'un des cameramen :

— Sincèrement, je ne m'y vois pas. Je déteste danser, je ne l'ai jamais fait et je me sens vraiment nul quand je me retrouve sur scène avec des gens qui s'en sortent mille fois mieux que moi… Je ne veux pas le faire !

Son malaise allant croissant, il ajouta :

— Se produire devant Simon et des pros, des chorégraphes de métier et tout, je ne m'y vois pas…

À cette étape, on voit Cowell constatant l'absence de Zayn sur le plateau. En réalité, il est probable qu'il en ait été informé par un membre de la régie : il a toujours eu du mal à se souvenir du nom des candidats, y compris les finalistes, si bien que l'idée qu'il ait pu remarquer l'absence d'un candidat sur une scène noire de monde semble relever du mythe.

Quoi qu'il en soit, ce fut l'occasion d'ajouter une de ces touches mélodramatiques auxquelles l'émission doit son succès (tout en présentant Zayn au public, dont l'audition initiale n'avait pas été retransmise à la télévision). On vit Cowell, après avoir dit à Louis Walsh et Brian Friedman de continuer sans lui, se rendre en coulisse pour essayer de retrouver le garçon manquant. Quand il l'eut retrouvé, il lui demanda :

— Zayn, pourquoi n'es-tu pas sur scène avec les autres ? Est-ce que tu te rends compte que tu es en train de fiche toutes tes chances en l'air ? Je suis là pour te tendre une perche. Si tu ne peux pas le faire maintenant, tu ne pourras jamais le faire, tu comprends ? Alors, vas-y !

Lorsqu'ils regagnèrent ensemble le plateau, juste au moment où Zayn allait remonter sur scène, Cowell fit une dernière remarque, mi-encourageante, mi-menaçante.

— Ne recommence plus jamais ça. Et maintenant, vas-y !

Ils échangèrent une poignée de main. C'était la première fois que Cowell exerçait son rôle de manager avec un membre de One Direction. Mais ce ne serait pas la dernière.

Quand Zayn se mit à danser, tout le monde comprit pourquoi il avait cherché à s'esquiver. Cowell décrivit ses efforts comme « maladroits ». Pour une fois, le juge tant redouté faisait preuve de clémence dans ses appréciations. La danse n'était vraiment pas le fort de Zayn.

Mais sans doute que le courage dont il avait fait preuve en se livrant à un exercice manifestement hors de son champ de compétence avait impressionné Cowell et la production, pour qui il eût été impensable d'introduire un élément frondeur dans un boys band. Bien qu'il l'ignorât à l'époque, Zayn venait de passer sa première épreuve du feu.

— Je suis content pour lui qu'il ait accepté de revenir sur sa décision, confia Cowell après coup.

Les quatre autres garçons avaient fait de leur mieux durant l'épreuve de danse, mais aucun n'avait excellé. À propos de Niall, Cowell avait dit qu'il « s'agitait dans tous les sens ».

La pression n'était pas près de se relâcher avant longtemps, et Zayn n'était pas le seul à en subir les conséquences. Comme Harry le fit remarquer à l'antenne, plus il parvenait à surmonter des obstacles et plus il sentait croître son ambition.

Il n'était pas seulement heureux d'être là ou même fier de ce qu'il avait accompli à ce stade, il gardait les yeux fixés sur la victoire finale. Il déclara devant les caméras :

— Plus on avance dans le camp d'entraînement, plus on prend conscience de l'importance de l'enjeu. Les derniers jours passés là-bas m'ont fait réaliser à quel point je voulais rester. Je ne veux pas rentrer chez moi.

Bien que l'épreuve suivante n'affectât qu'indirectement les garçons, elle est révélatrice de la pression dont ils durent triompher pour arriver en finale. Cheryl Cole fit un malaise un jour et dut être renvoyée chez elle. On expliqua plus tard qu'elle avait contracté la malaria lors de vacances en Tanzanie. Elle fut hospitalisée, et les médecins l'informèrent que son état nécessitait une longue convalescence. En l'absence de Cheryl, Cowell fit appel à l'une des ex-Pussycat Dolls, la chanteuse Nicole Scherzinger, pour la remplacer. (Bien qu'on ne le sût pas encore, cet épisode allait être le premier acte du drame qui allait se jouer l'année suivante dans l'édition américaine de *The X Factor*, lorsque Cole fut remerciée et que Scherzinger passa du rôle de présentatrice à celui de membre du jury.)

Le visage de Nicole Scherzinger n'était pas inconnu des garçons, de Harry et Louis, notamment, qui l'avaient vue siéger dans le jury lors des auditions. Dannii Minogue étant elle aussi absente, la composition du jury se trouvait quelque peu bouleversée. Aussi la prod décida-t-elle de changer la donne. Le message suivant fut posté sur le compte Twitter de l'émission : *« En raison de circonstances exceptionnelles, le public ne pourra pas à assister aux épreuves du camp d'entraînement. »* Cette décision allait ajouter une dose de suspense aux événements à venir.

Le troisième jour du camp d'entraînement, les candidats reçurent une liste de quarante titres parmi lesquels ils devaient choisir celui qu'ils voulaient chanter. Pour certains, c'était un cadeau du ciel, une libération après l'épreuve imposée du premier jour. Mais, pour d'autres, ce fut un vrai casse-tête : dès qu'ils optaient pour un air, ils en découvraient un autre dans la liste qui leur semblait mieux convenir. Si bien qu'au lieu de se mettre à répéter d'arrache-pied, ils remettaient tout au lendemain. C'était la dernière épreuve avant la Maison des juges, la pire pour qui n'était pas suffisamment préparé. Quand leur tour venait de monter sur scène, ils chantaient leur morceau, puis s'en retournaient en coulisse sans avoir reçu la moindre appréciation de la part du jury.

Liam avait choisi « Stop Crying Your Eyes Out » du groupe Oasis. Ce n'était pas un choix difficile pour lui qui adorait Oasis et dont il chantait les airs depuis qu'il était tout petit en prenant la posture de Liam Gallagher.

Avant de monter sur scène, il expliqua ce qu'il ressentait à la caméra. Il décrivit sa première audition comme étant un vrai bonus :

— Mes pieds n'ont pas encore touché terre depuis.

Après quoi, il expliqua qu'il y avait un côté négatif à tout cela :

— Parce que je me sens obligé désormais de faire au moins aussi bien.

Il avait eu un an pour se préparer à l'audition préliminaire, mais, pour celle-là, il n'avait que 24 heures. On le montra en répétition, commettant des erreurs à plusieurs reprises, et Brian Friedman déclarant que c'était à cause de son manque de maturité. Une fois de plus, pour Liam, ce qui importait le plus, c'était de gagner l'approbation de Cowell.

— Je veux montrer à Simon que je suis motivé, dit-il. Je veux lui prouver que j'ai l'étoffe d'un gagnant.

Il entra en scène avec grâce et assurance.

— Bonjour à tous. Comment allez-vous ? lança-t-il sans cérémonie.

Avant de commencer à chanter, on lui demanda d'expliquer pourquoi il avait le sentiment d'avoir le fameux *X Factor*. Agitant nerveusement sa jambe droite, Liam déclara :

— Parce que j'ai débuté dans la vie avec un handicap grave. Le défi était immense, mais je l'ai relevé, et, depuis lors, quand je me fixe un but, je ne renonce jamais.

Comme toutes les fois où il s'était retrouvé face à Cowell, Liam avait su faire mouche.

Il chanta ensuite l'air d'Oasis. Sa prestation divisa les téléspectateurs : certains la trouvaient quelque peu poussiéreuse et sans relief, mais un grand nombre la jugea émouvante et convaincante.

Certes, elle n'avait pas les accents bouleversants de « Cry Me a River », mais, comme l'avait fait remarquer Liam, il lui serait difficile à l'avenir de faire mieux, en particulier sans le soutien d'une immense salle pleine à craquer.

Liam commençait à injecter un peu de supplément d'âme à son interprétation, quand Cowell l'interrompit, lui indiquant ainsi qu'il devait quitter la scène et laisser le jury délibérer à huis clos.

— Oh ! Simon, il est vraiment excellent, murmura Walsh quand Liam eut regagné les coulisses. Moi, il me touche vraiment. Simon, les filles, qu'en pensez-vous ? ajouta le vieil Irlandais.

La posture de Cowell donnait à penser qu'il n'était pas convaincu.

— Il a quelque chose, indéniablement, mais je trouve qu'il manque un peu d'épaisseur, répondit-il.

Walsh continua de plaider la cause de Liam.

— Il est encore très jeune, Simon. Il n'a que seize ans.

Plus tard, Cowell livra ouvertement le fond de sa pensée. Citant comme exemple l'émission jumelle *The Xtra Factor*, il déclara :

— Le monde a changé en l'espace d'un an, et, pour réussir, il faut vraiment sortir du lot. Quelqu'un comme Liam est l'exemple même du candidat que j'aurais considéré comme un gagnant il y a un ou deux ans. Mais aujourd'hui, l'entendre chanter me barbe.

Développant plus avant son argument, il ajouta :

— Quand un artiste a atteint ses limites, comme c'est le cas de Liam, manifestement, on se sent forcément gêné aux entournures, car on sait qu'on ne pourra pas l'amener beaucoup plus loin. C'est frustrant parce qu'on a envie de placer la barre toujours plus haut pour l'obliger à se dépasser.

Tout cela n'augurait rien de bon pour Liam.

Quand arriva le moment des délibérations, l'absence de Minogue et de Cole amena la production à apporter quelques modifications au programme. Dans chaque catégorie, le nombre de candidats admissibles à la Maison des juges allait passer de six à huit.

Cet aménagement donnait à penser qu'un nombre non négligeable de participants était, de l'avis du jury, susceptible de progresser, mais aussi que la production voulait offrir à Minogue et Cole la possibilité de faire leur choix de candidats à partir d'un panel plus large. Sur une suggestion de Scherzinger, on apporta un changement aux tranches d'âge, la catégorie plus de 25 ans devenant plus de 28 ans.

Quand les trente garçons restants – dont Harry, Liam, Louis, Niall et Zayn – furent convoqués par le jury, tous étaient sur des charbons ardents. Quand Zayn fit son entrée, il se frottait nerveusement les mains. Liam donnait l'impression qu'il allait tourner de l'œil – ou pleurer. Enfin, les juges énoncèrent les noms de ceux qui étaient admis à l'étape suivante. Cowell commença par John Wilding, après quoi Scherzinger appela Nicolo Festa. Plus la liste des noms s'allongeait et plus les garçons étaient inquiets. Louis mettait clairement un point d'honneur à sourire et applaudir chaque fois qu'un vainqueur était nommé. Il alla même jusqu'à donner une tape dans le dos à Karl Brown quand on entendit son nom. Cette preuve de fair-play était d'autant plus touchante que la déception qu'il ressentait devait être immense.

Encore deux noms, et la liste serait complète. Chacun des cinq garçons espérait que le sien en ferait partie tout en n'osant plus y croire. Les deux derniers lauréats étaient Matt Cardle, le futur gagnant, et Tom Richard.

— Voilà. Je suis vraiment désolé, dit Cowell.

Tandis que Richards quittait la scène en pleurant des larmes de joie, les candidats restants essayaient de se faire à l'idée qu'ils étaient évincés. Liam, qui avait été éjecté à cette même étape en 2008 avant d'être réintégré quelques minutes plus tard, dansait nerveusement d'un pied sur l'autre, comme s'il n'arrivait pas à réaliser ce qui lui arrivait. La tête dans les mains, il s'efforçait de refouler ses larmes.

Mais elles prirent le dessus. Harry avait l'air complètement dévasté, et Niall s'ébouriffait les cheveux, l'air hagard et dégoûté.

Quand Liam quitta la scène, Dermot O'Leary le serra dans ses bras avec commisération.

— Je ne veux pas rentrer chez moi, dit-il d'une voix à peine audible. Je ne veux pas.

Ce fut ensuite Harry qui prit la parole. Bien qu'en apparence moins ébranlé que Liam, il déclara être « complètement cassé », et il en avait l'air. Niall, de son côté, semblait plus agité, comme si la colère le disputait à la déception.

— C'est le pire moment de ma vie, dit-il. Être

là, debout, à attendre qu'on appelle votre nom, et puis, ça ne vient pas.

Sentant les larmes lui monter à nouveau aux yeux, il s'excusa auprès du journaliste et s'éloigna des caméras en se cachant la figure avec son pull.

Cependant, Cowell n'était pas content de voir partir les garçons.

— J'avais un goût amer. J'avais le sentiment qu'on avait eu tort et qu'il était peut-être possible d'en faire quelque chose, expliquera-t-il plus tard dans une interview à *Rolling Stone*. Et c'est à ce moment-là que l'idée a germé d'en faire un groupe.

Que la décision ait été prise sur un coup de tête ou mûrement réfléchie, il fallait la mettre à exécution sans tarder.

Un boys band et un girls band – qui prendrait le nom de Belle Amie – allaient être constitués avec certains candidats qui avaient été évincés.

En coulisse, la production convoqua Louis, Liam, Harry, Niall et Zayn, ainsi que les quatre filles qui allaient former le groupe Belle Amie.

À ce stade, aucun d'eux ne savait ce qui était en train de se préparer. Pour Liam, ce fut un moment véritablement surréaliste. Exactement comme en 2008, on lui avait annoncé qu'il était éliminé pour le rappeler quelques minutes plus tard. Lorsqu'ils remontèrent sur scène, il y en avait plus d'un qui se rongeait les ongles d'un air anxieux. Quand les garçons s'alignèrent devant les juges, leurs traits et leur attitude corporelle reflétaient à la fois la déception et la confusion. Pourquoi les avait-on à nouveau convoqués ? Mieux valaient ne pas se faire d'illusions. Pendant ce temps, les juges considéraient les deux groupes en silence en se demandant s'ils avaient pris la bonne décision. Quand Cowell vit les cinq garçons côte à côte, ses doutes s'envolèrent.

— À l'instant même où je les ai vus ensemble pour la première fois, j'ai eu comme une sorte de révélation, confiera-t-il plus tard à *Rolling Stone.* Je les ai vus comme un groupe.

Et le fait est qu'il y a quelque chose d'émouvant, presque surnaturel dans la façon dont les garçons semblaient se fondre les uns avec les autres.

Ce fut Scherzinger qui prit la parole :

— Hello, vous tous, et merci d'être revenus, leur dit-elle. À voir vos têtes, on se doute que ça n'a pas été facile. Nous avons longuement réfléchi à chacun d'entre vous en tant qu'individus et en sommes venus à la conclusion que vous aviez trop de talent pour qu'on vous laisse partir. Alors, on s'est dit qu'on aimerait bien faire de vous deux groupes.

N'empêche que les candidats n'avaient toujours pas complètement digéré leur défaite, si bien que Cowell décida d'apporter un éclaircissement.

— Nous avons décidé de vous admettre dans la Maison des juges.

Les cinq garçons laissèrent exploser leur joie, Louis bondissant comme un kangourou, tandis que Harry tombait à genoux. Les juges observaient la scène, visiblement soulagés et émus. Mais Cowell ne tarda pas à calmer le jeu.

— Ohé ! vous tous, les filles et les garçons, c'est un sacerdoce qui vous attend : vous allez devoir travailler dix, douze, quatorze heures par jour, tous les jours, et nous montrer de quoi vous êtes capables, leur dit-il. C'est une occasion qui ne se répétera pas.

Les garçons faisaient des bonds comme s'ils venaient de remporter la Coupe du monde de football. Harry s'exprima en leur nom à tous dans le micro d'O'Leary :

— Je suis passé de l'enfer au paradis en l'espace de quelques minutes.

Puis arriva le moment où ils rejoignirent les autres candidats qui avaient été admis. Ils se jetèrent dans les bras les uns des autres.

La vie était trop belle. Cependant, il restait un dernier obstacle à franchir. On leur demanda s'ils étaient absolument certains de vouloir faire partie d'un boys band. Après tout, chacun avait auditionné séparément, et il n'était pas question de former un groupe dont les membres n'auraient pas été totalement soudés. Ce fut Liam qui mit le plus longtemps à se décider.

Depuis son expérience de 2008, il avait travaillé d'arrache-pied dans l'idée de faire carrière comme soliste. Sur le coup, il lui sembla aberrant de renoncer à son projet pour se joindre à un groupe. Il médita longuement, demandant conseil aux gens qu'il respectait le plus et en qui il avait confiance, avant d'arriver à une décision claire : il était partant.

À compter de cet instant, le boys band fut officiellement formé.

Les juges se virent ensuite attribuer la catégorie avec laquelle ils allaient devoir travailler. La production appela chacun d'eux séparément, annonçant à Simon Cowell qu'il allait devoir coacher les groupes.

Traditionnellement, les groupes sont considérés comme faisant partie des deux catégories les moins prometteuses, l'autre étant celle des solistes qui appartient à la tranche d'âge plus âgée.

Bien qu'étant convaincu que One Direction était un projet prometteur, Cowell répondit non sans sarcasme à la production :

— Merci de me récompenser de tout le mal que je me suis donné cette année.

Quand cet épisode fut retransmis, le public se délecta du mélodrame qui entourait la formation de One Direction et Belle Amie. Parmi les téléspectateurs se trouvaient les membres des deux groupes et leurs familles. Johanna, la mère de Louis, déclara à la presse locale :

— Nous avons organisé une fête de famille pour regarder tous ensemble la finale du camp d'entraînement à la télé le dimanche. Nous étions très fiers de Louis et des garçons ! Il était sur un nuage. Il n'arrivait pas à réaliser qu'il était allé aussi loin dans la compétition.

Pour l'épreuve de la Maison des juges, les garçons s'envolèrent pour Marbella, où ils allaient devoir se produire devant Cowell. À ce stade de l'émission, l'enjeu est énorme : les lauréats gagnent le droit de prendre part aux concerts live. Pour les perdants, la déception est tout aussi grande. Comme Liam vous le dira, pour n'importe quel footballeur, perdre la demi-finale est pire que perdre la finale. Pour les candidats de *The X Factor*, la Maison des juges est une qualification en demi-finale. Les garçons étaient fous de joie et rongés d'anxiété, Zayn, en particulier, dont c'était le premier voyage à l'étranger. Il avait dû faire une demande de passeport spécialement.

Les garçons ne seraient pas des garçons s'ils ne s'en étaient pas donné à cœur joie à Marbella, et les tabloïdes ne se privèrent pas de brosser un tableau quelque peu excessif de ce qui se passa réellement dans la maison de Cowell.

Quoi qu'il en soit, ils eurent l'occasion de se prélasser sur la plage. Louis et Zayn gardent un souvenir ému d'une certaine fois où ils dégustèrent des pizzas ensemble face à la mer.

Mais ils n'oubliaient pas qu'ils étaient là pour travailler et qu'ils voulaient réussir. Ce qu'ils firent à leur façon. Non seulement ils parvinrent à convaincre Cowell qu'ils avaient du talent, mais ils le transportèrent d'enthousiasme. Plus tard, quand le magazine *Rolling Stone* lui demanda à quel moment il avait pris conscience de l'énorme potentiel du boys band, Cowell répondit :

— Un quart de seconde après qu'ils eurent commencé à se produire dans ma maison en Espagne. Mais je me suis efforcé de ne pas montrer mon émotion pour apporter un peu de suspense à l'émission.

Ce jour-là, les garçons chantèrent « Torn », un tube de la chanteuse australienne Natalie Imbruglia, qui avait assisté à l'audition préliminaire de Liam en qualité de juge invitée. Cependant, il y eut un moment d'incertitude avant l'audition, quand Louis se fit piquer par un oursin alors que les garçons étaient en train de chahuter dans les vagues. Sur le coup, il pensa qu'il avait marché sur un bout de verre ou une pierre coupante. Mais le lendemain matin au réveil, il réalisa que son pied avait doublé de volume.

Quand il voulut se lever, il s'effondra à terre et dut appeler à l'aide. On l'emmena d'urgence à l'hôpital, où il reçut une injection. La douleur provoquée par l'aiguille d'oursin était si violente que Louis fut, paraît-il, pris de nausées.

Pendant ce temps, les autres membres du groupe rongeaient nerveusement leur frein en se demandant s'ils allaient pouvoir se produire. Quand ils le virent revenir de l'hôpital, ils étaient tellement contents qu'ils le serrèrent dans leurs bras, puis le soulevèrent et l'amenèrent en le portant jusqu'à la scène. Cowell remarqua que Louis boitillait dès qu'ils se présentèrent devant lui. Louis assura au président du jury qu'il se sentait parfaitement bien. Puis ils chantèrent.

Liam entama le lead vocal, puis Harry prit la relève avant que tous les cinq ne se mettent à chanter en chœur. Quand vint le refrain final, leurs mouvements de hanches étaient remarquablement coordonnés pour un groupe à peine formé et dont les membres étaient aussi jeunes.

Lorsque la chanson s'acheva, Cowell ne laissa rien paraître de ses sentiments, se contentant de leur dire « À plus tard », alors qu'il bouillonnait intérieurement d'enthousiasme. Lui et sa comparse Sinitta avaient été conquis par ce qu'ils venaient de voir.

— À peine ont-ils quitté la maison que j'ai bondi de ma chaise, confiera-t-il à *Rolling Stone.* Ces gamins avaient tout pour eux. Une assurance et une joie de vivre contagieuses. Ils avaient composé eux-mêmes les arrangements. Ils formaient une bande d'amis, ils étaient invincibles.

Il ne fallut pas bien longtemps aux deux juges pour décider que One Direction allait participer aux concerts live. Cependant, quand vint le moment de leur annoncer la nouvelle, Cowell joua le flegme tout en faisant monter la tension chez les garçons et le public.

— Ma raison me dit que je prends un risque,

mais mon cœur me dit que je devrais vous donner une chance.

Les garçons attendaient, pétrifiés d'anxiété. Liam était particulièrement tendu. Il n'avait pas envie d'être une fois de plus renvoyé chez lui à ce stade de la compétition.

— Ça n'a pas été une décision facile à prendre. Mais je l'ai prise. J'ai écouté mon cœur : vous êtes des nôtres !

L'explosion de joie des garçons à cet instant en dit long sur ce qu'ils ressentaient. Après cela, ils s'élancèrent vers Cowell. Harry fut le premier à se jeter dans les bras de leur mentor.

— Je suis très impressionné par ce que j'ai vu, leur dit Cowell.

Quatre des nouveaux finalistes se jetèrent tout habillés dans la piscine.

— On était comme fous, se souvient Liam.

Louis, toujours passablement ébranlé par sa piqûre d'oursin, décida de ne pas se joindre à eux.

Dans l'avion qui les ramenait en Angleterre, les garçons étaient d'humeur particulièrement joyeuse. Ils allaient participer aux live et partir en tournée dans tout le Royaume-Uni… Et en avant la musique !

7

TOUS EN SCÈNE !

Les concerts live sont une expérience absolument unique pour les candidats. En plus du stress de se savoir regardé par des millions de téléspectateurs, ils doivent, chaque semaine, affronter le verdict des quatre juges. Une fois passée cette épreuve, il leur reste à affronter le vote du public. Les lignes téléphoniques sont coupées au bout de 24 heures, et les deux finalistes les moins bien classés jouent leur va-tout pour tenter de rester en lice. Tandis qu'ils se préparaient au premier concert live, les garçons priaient le ciel pour pouvoir continuer en deuxième semaine. Ils étaient loin de se douter qu'ils allaient se produire tout au long des dix semaines et se qualifier pour la grande finale.

Chaque semaine, les juges émettaient un avis sur leur prestation. Bien que cet avis fût globalement favorable, chaque juge avait ses marottes, des tics avec lesquels les garçons allaient se familiariser au fil du temps. Ainsi, Louis Walsh voyait en eux « le prochain grand boys band », ce qui ne l'empêchait pas d'échanger des plaisanteries à leurs dépens avec Simon Cowell. Dannii Minogue, en revanche, était la plus critique de tous les juges. Pour autant, ses remarques n'étaient jamais féroces. Elles étaient au contraire fondées, précises et visaient à encourager les garçons à donner le meilleur d'eux-mêmes. Minogue était incontestablement la plus directe et la moins sensible à la One Directionmania. Pour sa part, Cheryl Cole aimait évoquer à mi-mot la popularité croissante de One Direction. Enfin, fidèle à lui-même, Cowell campait avec assurance son personnage de coach du boys band et de grand timonier de *The X Factor*, tandis que, de semaine en semaine, ses jeunes prodiges voguaient toujours plus loin. Mais commençons par le commencement…

Première semaine
Thème : Numéro Un

Au live de la première semaine, le groupe chanta « Viva la Vida » de Coldplay, un choix audacieux qui semblait dire au public : ce que vous voyez là, mesdames et messieurs, n'est pas un de ces énièmes boys bands insipides et dépourvus d'imagination. Il eût été facile de leur faire chanter une ballade sirupeuse à la Westlife, un tube de Take That ou de The Wanted. Mais non.

— Ce n'est pas le genre de chanson auquel on s'attend de la part d'un groupe comme celui-là, dit Cowell durant la brève introduction diffusée juste avant la performance live des candidats.

Zayn expliqua qu'il avait peur de louper sa réplique. Il se sentait quelque peu dépassé par les événements.

Durant le résumé de présentation, Cole déclara :

— Les garçons piaffent littéralement d'impatience en coulisse. La pression a été si forte ces derniers jours !

Pendant ce temps, le boys band attendait que les portes de la scène s'ouvrent. Derrière ces portes se trouvaient le public, les juges et les caméras qui allaient les transporter dans les foyers de millions de téléspectateurs. Harry était tellement tendu qu'il avait eu la nausée.

Cependant, comme l'expliqua Louis, le groupe s'était juré de rester concentré sur sa propre performance sans se soucier de celle des autres concurrents. Une sage résolution.

Et maintenant, le moment était venu de montrer de quoi ils étaient capables.

Quand le groupe entra en scène et commença à chanter, chaque garçon arborait une expression différente.

Liam, au centre, semblait posé et maître de lui. Il était évident qu'il était celui qui avait le plus d'expérience des concerts live et de la télévision. Vers la fin de la chanson, voyant que la concentration se relâchait légèrement parmi les garçons, il entra en action, incitant les autres à se ressaisir.

De son côté, Harry arborait une gestuelle presque agressive (pleine de mouvements d'épaules saccadés) qui trahissait sa nervosité. Zayn, ainsi qu'il l'avait lui-même prédit, eut l'air paniqué durant la poignée de secondes qui précéda son entrée en jeu. Mais, une fois lancé, il sembla se détendre et trouver son rythme de croisière. Louis semblait tout simplement enchanté de se trouver là, affichant un air détendu de quelqu'un qui aime faire la fête. Le fait qu'il ait été à la fois l'aîné du groupe et celui dont la participation était la moins prenante explique sans doute cette relative aisance. Enfin, Niall s'efforça de rester souriant tout au long de la performance.

Rarement garçon eut l'air plus heureux de faire partie d'un boys band. Son sourire débordait de ses lèvres remontant jusqu'à ses yeux qui pétillaient littéralement de bonheur.

Même quand il chanta sa partie (où il était question de regrets et de déception), il continua de sourire. Une incohérence qu'on lui pardonnait bien volontiers tant il était rayonnant.

Quand chaque garçon prit sa place pour le solo final de Liam, tous souriaient, visiblement satisfaits et soulagés que tout se soit déroulé comme prévu. À la fin, ils échangèrent des embrassades comme des footballeurs à l'issue d'un match. C'était un de ces moments où le public exultait lui aussi, conscient qu'il était en train d'assister aux premiers pas d'un groupe de tout jeunes artistes, d'autant plus méritants et attachants qu'il leur restait encore à conquérir les suffrages du public.

Les membres du jury applaudirent, Cowell souriant avec une fierté presque paternelle. Louis Walsh leur dit :

— Ouah ! mes garçons, quand j'ai appris que vous alliez chanter un air de Coldplay, j'ai pensé que vous preniez un risque énorme ! J'ai adoré ce que vous en avez fait et la façon dont vous avez réussi à vous approprier la musique. Je suis heureux que votre groupe se soit formé. Même si je sais que Simon va clamer haut et fort que tout le mérite lui en revient, c'était mon idée au départ, Simon. Si, si ! En tout cas, mes garçons, quelque chose me dit que vous avez le potentiel pour devenir le prochain grand boys band, même si vous avez encore beaucoup de chemin à faire pour y arriver.

Puis il ajouta, mi-figue, mi-raisin :

— Par contre, Simon Cowell, j'ai des réserves quant à leur style vestimentaire ! Tu as fait appel à un styliste ?

Tandis que la salle se mettait à huer gentiment, Walsh durcit ses traits et releva bien haut son menton.

Dannii Minogue prit ensuite la parole.

— Je ne sais pas de qui était l'idée au départ, vu que je n'étais pas là, mais ce qui est sûr, c'est que vous êtes tous sur la même longueur d'onde, vous êtes tous parfaitement synchronisés, dit-elle.

Ravis de ces compliments, les garçons se congratulèrent. Leur enthousiasme était contagieux.

— Cette chanson était fantastique, et vous en avez donné une interprétation très personnelle, ajouta l'Australienne.

Cheryl Cole était du même avis.

— Je ne peux qu'abonder dans le sens de Dannii. Vous semblez faits pour chanter les uns avec les autres, dit-elle à la grande joie de One Direction. Et je pense que vous allez faire craquer les filles, même si vous avez encore besoin d'un peu de temps pour donner la pleine mesure de vous-mêmes. Juste un peu de temps.

Leur mentor mit alors son grain de sel :

— Concernant ton rôle dans la formation du groupe, Louis, je propose qu'on visionne tes déclarations passées.

Walsh mit Cowell au défi de le faire.

— Les garçons, si vous formez un groupe aujourd'hui, c'est parce que vos auditions du camp d'entraînement ne nous avaient pas convaincus, mais que vous aviez malgré tout un potentiel qu'il aurait été dommage de gaspiller, poursuivit Cowell. Nous avons pris un risque, et, ce qui nous a vraiment impressionnés, c'est de voir qu'à un moment, quand vous étiez à deux doigts de perdre le fil, l'un de vous a repris les choses en main. Liam est entré en action et vous a tous remis sur les rails. C'est à ça qu'on reconnaît un vrai boys band.

Se tournant vers Walsh, il déclara à propos du style des garçons :

— Louis, ce n'est pas à moi d'imposer un style à un groupe comme celui-là. Nous leur avons demandé de choisir eux-mêmes ce qu'ils allaient porter. Je n'ai pas à intervenir dans leur choix. C'est à eux de décider. Et c'était très réussi, les garçons.

Pour Dermot O'Leary, l'occasion était trop belle de lancer un commentaire :

— Louis, avec tout le respect que je te dois, que connais-tu au style vestimentaire des jeunes de dix-huit ans ? Allons, soyons sérieux !

Harry, ne voulant pas entrer dans la polémique, se contenta de déclarer au nom de tous :

— Ç'a été l'une des plus belles expériences qu'il nous ait été donné de vivre.

Plus tard, Zayn se souvint qu'en sortant de scène, les garçons « bouillonnaient » littéralement de bonheur. Ils venaient de vivre leur plus grande « transe scénique ».

Le lendemain soir, ils attendaient impatiemment le verdict du public. À la fin de la compétition, Liam déclara que cette attente avait été la pire de toutes. Ils passèrent l'épreuve et furent admis en deuxième semaine. Moins chanceux, Nicolo Festa termina dernier, et FYD perdit la compétition face à Katie Waissel.

Pendant ce temps, Cowell avait remarqué que One Direction attirait déjà des foules de fans.

— C'était surprenant de voir qu'à ce stade de la compétition, il y avait déjà des centaines de fans amassées à l'extérieur des studios, confiera-t-il plus tard à *Rolling Stone*. Ça n'arrive pas souvent.

À propos de ses échanges doux-amers avec Walsh au sujet du style des garçons, il expliqua :

— Ils avaient bon goût et savaient quelle image ils voulaient donner de leur groupe. Ils ne voulaient pas se fondre dans un moule. Personnellement, je n'aime pas travailler avec des gens préformatés.

Autant de signes qui présageaient bien de l'avenir.

Deuxième semaine Thème : La bonne fée

Pour la deuxième semaine des live, il restait quatorze candidats en lice. Un chiffre qui en dit long sur la férocité de la compétition.

Même après le départ de deux candidats en première semaine, il restait treize rivaux à évincer avant de pouvoir accéder à la consécration. One Direction allait devoir travailler dur.

Ce fut une semaine éprouvante pour le groupe, Harry ayant fait à nouveau une attaque de panique pendant le *sound check*. Il n'arrivait plus à retrouver sa respiration et avait l'impression d'être sur le point de vomir.

Il est intéressant de noter que Harry, qui est aujourd'hui l'élément central et celui qui semble le plus détendu de la bande, fut celui qui eut le plus de mal à supporter le stress des premières semaines. Pour lui aussi, ce fut une surprise, car, jusque-là, il n'avait jamais été sujet à des crises de panique qui remettaient en question sa capacité à se produire en public.

Cette fois, ils chantèrent « My Life Would Suck without You », de Kelly Clarkson. C'était un choix hautement symbolique (Clarkson ayant été la première gagnante du concours *American Idol*), mais singulier, l'air étant destiné à être chanté par une femme en premier lieu.

Le groupe sut l'interpréter avec panache. Pour l'intro, les garçons avaient choisi un éclairage en demi-teinte. Tandis que Liam entamait les premières mesures, la caméra fit un panoramique sur les autres garçons, révélant Niall et Louis qui souriaient de toutes leurs dents, tandis que Harry recommençait à se trémousser nerveusement en mesure. Et Zayn ? Il avait l'air sombre et renfrogné.

À la fin de la chanson, le soulagement du groupe était palpable. Zayn avait beau avoir quelque peu détonné, au final, ils avaient réussi à faire preuve de cohésion. Louis gratifia Harry, encore tout ébranlé, d'une chaleureuse accolade.

Walsh, comme il a coutume de le faire pour les candidats dont il n'a pas la charge, fut le premier à parler.

— Eh bien, One Direction, on dirait que vous vous amusez comme des fous sur scène, dit-il. Toutes les filles de ce pays vont vous adorer. Mon unique problème, mes garçons, c'est votre mentor, Simon. Pourquoi Kelly Clarkson, Simon ? Un drôle de choix, d'après moi. Vous étiez excellents, les garçons, mais je pense que Simon Cowell aurait dû choisir un autre titre.

Tandis que le public se mettait à huer gentiment, Dannii Minogue déclara :

— Les gars, peut-être que Clarkson est votre bonne fée musicale. En tout cas, vos cinq cœurs battaient à l'unisson. Vous formez un ensemble parfait, et Harry, même si tu as les nerfs un peu fragiles, je suis sûre que tes amis et toi réussirez à faire front. Un boys band comme le vôtre donne toute sa mesure quand il interprète une chanson romantique, et j'ai hâte de l'entendre.

Les garçons furent d'autant plus sensibles à ces retours élogieux qu'ils mouraient d'envie de chanter une romance.

— Je n'en reviens pas de voir à quel point vous êtes craquants. Sérieusement ! dit Cheryl Cole. Harry joignit les mains comme si ses prières les plus chères venaient d'être exaucées. Franchement, j'ai envie de monter sur scène pour vous serrer dans mes bras. Vous êtes tellement, tellement adorables !

Pendant ce temps, Cowell s'amusait de cette véritable déclaration en lançant :

— Non ! non ! non !

Quand vint son tour d'émettre un jugement, il se fendit d'un énorme compliment :

— Laissez-moi vous dire que vous êtes le boys band le plus incroyable de ce pays, dit-il aux garçons, qui en restèrent bouche bée.

Liam, en particulier, avait l'air complètement abasourdi.

— Je suis sérieux. Vous avez vraiment quelque chose de spécial.

Tout le monde sait que Cowell n'est pas du genre à faire dans la demi-mesure. Pour lui, les candidats sont tantôt les meilleurs, tantôt les pires qu'il lui ait jamais été donné de voir.

Les paroles de Cowell suscitèrent une explosion de joie parmi les spectateurs, tandis que Harry, non sans humour, encourageait le public à crier plus fort. Les applaudissements redoublèrent quand One Direction remporta le vote du public.

Troisième semaine Thème :
Un plaisir coupable

Tandis qu'ils entamaient leur troisième semaine, les garçons firent le récit de la folle et rude expérience qu'eux et les autres finalistes avaient vécue. C'est au cours d'une séance de shopping chez Topshop qu'ils purent juger par eux-mêmes de l'engouement qu'ils suscitaient chez leurs fans. Quand ils arrivèrent, les cris des filles étaient assourdissants. Dans les années à venir, ce déploiement de liesse allait leur sembler bien modeste, mais, à l'époque, c'était un choc à l'intensité presque terrifiante.

— Il m'a fait un clin d'œil, il m'a fait un clin d'œil ! criait l'une des filles, convaincue qu'elle venait de vivre un moment unique.

Louis raconta qu'ils avaient été « littéralement assaillis par les filles, ce qui n'est pas franchement désagréable ! » Sans parler des vêtements qui leur avaient été offerts durant leur virée dans Oxford Street. Grâce aux liens étroits de Simon Cowell avec le patron de Topshop, Sir Philip Green, cette sortie en ville fut l'un des moments forts de l'émission.

Mais, pour en revenir à la musique, Cowell expliqua que, durant cette troisième semaine, il avait décidé de changer le titre que One Direction allait interpréter. Comme toujours dans *The X Factor*, ce genre de décision, a priori sans grande conséquence, allait prendre des proportions dignes d'un classique hollywoodien.

Ayant présenté cette troisième épreuve comme un défi qui, à en croire Dannii Minogue, allait laisser plus d'un candidat sur le carreau, le boys band fut donné comme le « grand outsider », un rôle très prisé dans ce genre de compétition.

La nouvelle chanson était « Nobody Knows » de Pink. Avec ce titre légèrement plus sombre, le groupe – y compris Louis et Niall – dut se composer une attitude plus grave et posée que celle des semaines précédentes.

Le moment était venu pour One Direction de faire ses preuves dans le genre par excellence des boys bands : la chanson sentimentale.

Au plus fort de l'émotion, quand la romance atteint son point culminant, les producteurs avaient décidé de déclencher un feu d'artifice. Louis ne put résister à l'envie de se retourner pour admirer le spectacle. Mais l'aspect le plus révélateur de cette représentation était que Harry chantait des parties en solo. Alors que Liam continuait d'être le leader, Harry commençait clairement à s'élever sur l'échelle de dominance du groupe. Walsh rendit hommage à Liam.

— Vous avez une façon d'entrer en scène qui déclenche la liesse des spectateurs, commença par dire le juge irlandais. Comme cinq Justin Bieber ! Et toi, Liam, tu nous as donné un solo remarquable !

Minogue déclara qu'ils étaient « un rêve devenu réalité ». Mais ce fut Cole qui ravit les cœurs du public et du boys band en déclarant :

— Vous savez quoi, les garçons ? Je vous le dis carrément : vous êtes mon plaisir coupable !

Un tel compliment de la part de la fabuleuse Cole était la preuve formelle, absolue, que le rêve des garçons était en train de se réaliser. Elle ajouta :

— Partout où les Beatles allaient, ils provoquaient des scènes d'hystérie collective. Eh bien, vous avez trouvé vos marques. Et j'ai hâte de vous voir progresser encore.

Cowell, comme toujours, semblait fier de lui. Ayant joué au maximum sur le fait qu'il avait eu l'idée de changer de titre au beau milieu de la semaine, il déclara :

— Non seulement vous nous avez donné visuellement un beau spectacle, mais au plan vocal vous avez fait des progrès phénoménaux.

Lorsque le groupe regagna les coulisses, Harry exultait :

— Les remarques du jury étaient absolument géniales. Si on veut pouvoir aller au bout de la compétition, il faut qu'on progresse de semaine en semaine.

Pour rester dans le ton des live, on demanda aux garçons quels étaient les trois titres qu'il considérait comme ses « plaisirs coupables ». Ils révélèrent que leur plus grand plaisir coupable était « Grease Lightning » de John Travolta. Venait ensuite « Tease Me » de Chaka Demus & Pliers, et, en troisième position, le terriblement aguichant « I'm Too Sexy » de Right Said Fred.

Pour leurs fans toujours plus nombreux, One Direction n'était pas un plaisir coupable, mais un plaisir fièrement revendiqué. Dans tout le Royaume-Uni, les filles criaient sans vergogne leur amour pour le nouveau boys band.

Quant aux garçons, ils passèrent haut la main l'épreuve du vote. Ils avaient vu maintes fois Cole se produire en live à la télé et voulaient depuis toujours atteindre la même gloire iconique.

Ayant réussi à triompher des deux semaines les plus difficiles de la compétition, ils commençaient à prendre vraiment confiance en eux. Et, tout en s'efforçant de garder les pieds sur terre, ils osaient espérer. Ils allaient se battre jusqu'au bout.

Quatrième semaine
Thème : Halloween

La thématique des live de *The X Factor* ne brille pas toujours par son originalité, mais celle de la troisième semaine s'annonçait plutôt divertissante. Pour fêter Halloween, on emmena les candidats en visite à la Tour de Londres, et Niall, en particulier, avait été vivement impressionné par ce qu'il avait vu.

Au programme du samedi soir, des titres comme « Thriller » de Michael Jackson, « Bat Out of Hell » de Meatloaf et « Bewitched » de Steve Lawrence, sur un décor mettant en scène vampires et sorcières, promettaient de faire sensation. One Direction chanta « Total Eclipse of the Heart » de Bonnie Tyler. Ayant été repris par Westlife, c'était un titre particulièrement bien trouvé pour un boys band.

Sur une scène enveloppée de brouillard carbonique, les garçons maquillés en vampires faisaient vraiment illusion. Bien que Harry fût au centre du groupe, c'était une fois encore Liam qui tenait le rôle de leader. Niall jetait ici et là un ou deux couplets, de même que Zayn, dont la voix aux accents rauques se prêtait bien à l'atmosphère.

À la fin de la chanson, le public exultait littéralement, et les garçons reçurent plus d'applaudissements à eux seuls que tous les autres candidats réunis.

— J'ai adoré le décor et l'ambiance *Twilight*, dit Walsh quand le moment fut venu pour les juges de prendre la parole. Simon, ce groupe fonctionne à merveille.

L'absence d'ironie dans les propos de Walsh témoignait d'une sincère admiration. Minogue ajouta :

— Les gars, vous êtes des vampires tout ce qu'il y a de craquant. Ça donne envie de faire la fête avec vous !

Cole, aussi, se répandit en éloges sur le potentiel commercial du groupe :

— Où que j'aille, je croise toujours quelqu'un – femmes mûres, jeunes filles, gamines – qui me parle de One Direction. Je crois que vous avez tout intérêt à aller jusqu'au bout de cette compétition.

Cowell buvait du petit lait. Il fut le dernier à s'exprimer sur la prestation du groupe.

— Ce que j'admire le plus chez vous, les

garçons, c'est que je sais combien la pression est grande dans une compétition comme celle-là et qu'on a un peu tendance à oublier que vous n'avez que seize ou dix-sept ans. À voir la façon dont vous avez mené le show, on en oublierait presque tout le travail qu'il y a derrière. Honnêtement, c'est un vrai bonheur de travailler avec vous.

Un seul mot suffit à Dermot O'Leary pour résumer son émotion :

— Ouah !

Le lendemain, Harry commenta leur prestation de la veille au soir en déclarant :

— Je crois qu'on ne s'est jamais sentis aussi bien. On nous a donné une vraie chance de montrer de quoi nous étions capables vocalement, et j'espère que les fans vont continuer de voter pour nous, car on n'a vraiment pas envie de quitter la compétition.

Les fans votèrent. Et le boys band fut admis en cinquième semaine.

Cinquième semaine
Thème : Les hymnes de la pop américaine

S'il y a une semaine où One Direction parvint à s'imposer dans la compétition, ce fut la cinquième. Ils passèrent en toute dernière partie du live, c'est-à-dire quelques minutes seulement avant l'ouverture des votes.

Généralement, une prestation réussie en fin de spectacle a de bonnes chances de s'attirer un maximum de voix, dans la mesure où elle est encore fraîchement gravée dans la mémoire du public. Juste avant l'entrée en scène du groupe, Cowell, s'adressant au public, déclara avec un sourire plein de fierté :

— Nous vous avons gardé le meilleur pour la fin.

Et c'était vrai. Suivant une courte vidéo qui montrait les garçons en train de chahuter dans la maison des candidats – dont certaines scènes particulièrement mémorables de Harry et Zayn en caleçons –, le groupe entra en scène sur l'air de « Kids in America » de Kim Wilde.

Arborant des tenues colorées, tels qu'uniformes de base-ball, avec des pom-pom girls se trémoussant à l'arrière-plan, les garçons avaient vraiment l'air d'un boys band d'outre-Atlantique.

Ils n'auraient pas dépareillé dans une série télévisée de Disney Channel ou une comédie musicale américaine. À un moment, ils quittèrent la scène pour investir une plateforme surélevée qui ne se trouvait qu'à quelques centimètres de la foule de fans en délire.

Ce fut une performance particulièrement réussie. Et la façon dont Harry bondit à la fin de la chanson pour retomber pile-poil sur ses pieds avec la note finale en dit long sur l'assurance que les garçons avaient acquise. Walsh leur dit :

— Partout où je vais, j'assiste à des scènes d'hystérie collective. Votre groupe me fait penser à Westlife, Take That, Boyzone… Il n'en tient qu'à vous de devenir le prochain grand boys band.

Plutôt que d'en rajouter sur l'hystérie collective évoquée par son collègue, Minogue exprima un jugement plus mesuré.

— Je ne pense pas que vocalement vous étiez au top ce soir, dit-elle.

Cole leur dit :

— Vous m'avez donné une pêche d'enfer. J'ai adoré votre performance du début à la fin. Vous êtes vraiment uniques : j'adore parler avec vous en coulisse, vous êtes des gens adorables.

Enfin, l'« oncle » Simon déclara non sans fierté :

— Cette performance était de très loin la meilleure que vous nous ayez offerte depuis le début de l'émission.

L'avenir s'annonçait soudain radieux, même si certains spectateurs accusèrent le groupe d'avoir fait semblant de chanter durant la prestation.

Ils firent remarquer qu'à un moment de la chanson, Zayn avait eu l'air d'avoir loupé son entrée, mais que sa voix était audible avant qu'il ait approché le micro de sa bouche.

Bientôt, les accusations fusèrent sur Twitter. L'ex-gagnant de *The X Factor*, Shayne Ward, déclara au journal *The Sun* que les garçons avaient triché. Or, s'il y avait une chose dont les garçons ne voulaient pas à ce stade de la compétition, c'était se retrouver au centre d'une polémique. Hier encore, ils n'étaient que cinq adolescents ordinaires. Et voilà qu'ils devaient affronter leur première tempête médiatique. Pour leur défense, ils expliquèrent que, lorsque Zayn avait loupé son entrée, Harry avait pris le relais, mais que la caméra étant fixée sur Zayn, les spectateurs ne pouvaient pas le savoir. Cette explication permit d'apaiser partiellement les esprits. Ward s'empressa de prendre ses distances avec Twitter, déclarant que les journalistes avaient déformé ses propos.

Quand les résultats furent officiellement annoncés le dimanche soir, les garçons poussèrent un énorme ouf de soulagement. Une fois encore, ils avaient conquis le public. Sur le coup, les accusations du public les avaient abattus, mais elles leur avaient aussi permis de découvrir un aspect du métier encore méconnu : la rançon du succès.

Ils réalisèrent que, plus leur popularité grandissait, plus leurs détracteurs se montraient féroces. Pour One Direction, les live étaient une sorte de cours de showbiz accéléré.

Sixième semaine
Thème : Elton John

La musique d'Elton John est de toute évidence composée pour être chantée en solo. En tant que dernier groupe de la compétition, One Direction se devait de réfléchir soigneusement à l'air qu'ils allaient extraire d'un catalogue aussi vaste que prestigieux. Finalement, leur choix se porta sur « Something about the Way You Look Tonight ». Cette fois, on leur avait alloué l'avant-dernier *time slot* du show. Au centre du groupe, Harry apporta sa contribution vocale la plus importante à ce jour. Ayant remarqué la frénésie qui se développait autour de lui de semaine en semaine, la prod avait décidé de lui accorder un rôle plus important au sein du groupe. Les cris hystériques qui retentirent dans le public lorsqu'il entonna les premières mesures de sa partie vinrent confirmer que la prod avait fait un bon choix.

Lorsque la chanson s'acheva, Cowell se leva pour applaudir le groupe et encouragea le public à acclamer plus fort ses protégés. Walsh leur dit :

— Les garçons, après ce que vous venez de nous offrir là, je crois que vous n'avez d'autre choix que d'aller dans une seule direction : la finale. J'ai eu l'occasion de m'entretenir un bon moment avec vous, hier, et appris à mieux vous connaître. Je sais que vous prenez cette compétition très au sérieux et que vous voulez devenir le prochain grand boys band.

Dannii Minogue ajouta :

— Les garçons, vous tenez la route à un point que c'en est impressionnant !

Cheryl Cole, à propos du tonnerre d'acclamations qui explosait dans la salle :

— Non, mais écoutez-moi ça ! Et voilà : il suffit d'écouter la réaction du public pour se faire une idée de ce que vous êtes devenus.

Finalement, Simon Cowell déclara :

— Je voudrais vous dire quelque chose. C'est la première fois de toute l'histoire de *The X Factor* que je suis intimement convaincu qu'un groupe va remporter la finale.

Puis, à propos de leur professionnalisme et leur esprit d'équipe, il ajouta :

— Les garçons, tous mes compliments.

Tout devenait soudain tout rose dans le monde de One Direction. La prod avait fait le pari de former un groupe sous les yeux des spectateurs, et le pari était gagné. Chaque semaine, leur stature et leur popularité ne cessaient de croître. À propos de la soirée Elton John, Louis déclara :

— Hier soir, c'était géant, la réaction du public était incroyable.

Zayn semblait plus mesuré. Il estimait que la compétition évoluait de semaine en semaine et devenait « de plus en plus rude ». C'était vrai, et, pour One Direction, la victoire dépendait de la cohésion du groupe tout entier.

Septième semaine
Thème : Les Beatles

Enfin, un genre qui semblait taillé sur mesure pour un boys band ! Entouré d'artistes solistes garçons et filles, One Direction avait dû, des semaines durant, s'accommoder de thèmes qui ne les mettaient pas spécialement en valeur. Mais ce live dédié aux Beatles allait leur permettre de prendre leur revanche, en particulier Liam, qui avait déclaré sur le site officiel de *The X Factor* :

— Je suis un fondu des Beatles et j'ai vraiment hâte de me produire ce soir.

Il s'attendait à une « performance complexe », truffée « d'arrangements harmoniques et d'impros, mais c'est le genre de prestation qu'on attend d'un boys band vraiment pro ». Ils interprétèrent une version bien rythmée de « All You Need Is Love ». Une fois encore, Harry eut droit à bon nombre de parties solo, et ce qui débuta comme une performance tranquille s'acheva comme un feu d'artifice avec des danseuses se déhanchant en rythme derrière le groupe. Cependant, la prestation n'alla pas sans son lot d'imperfections.

— Merci à vous, les garçons, dit Walsh. Ça fait plaisir de voir les Fab Five après les Fab Four.

Néanmoins, Minogue apporta un bémol à cette avalanche de félicitations.

— Jusqu'ici, mes commentaires ont toujours été élogieux, dit-elle, mais ce soir, j'ai trouvé que vous [Zayn et Niall] aviez l'air de souffrir. Je ne sais pas si ça s'est vu à l'écran, mais j'ai remarqué que vous aviez du mal avec les chœurs. Il ne faut surtout pas laisser tomber vos camarades. Vous formez un groupe, ne l'oubliez pas.

Quand vint son tour de s'exprimer, Cowell se montra offensif. Désignant ses pairs du jury, il décréta :

— Ces gens ne veulent pas de vous en finale. Mais moi, si. S'il vous plaît, mesdames et messieurs les spectateurs, votez pour eux !

Plus tard, Niall prendra la critique de Minogue avec un grain de sel.

— [Elle] n'a pas été tendre, et d'autres critiques suivront de toute façon, dit-il. Si bien qu'il faut en tirer les leçons et faire mieux la prochaine fois.

Le jeune coq de Dublin était clairement en train de mûrir.

Huitième semaine
Thème : Le rock

Cette semaine-là, l'ascension de Harry dans la hiérarchie du groupe atteignit des sommets. Certes, Liam continuait de cumuler les solos, mais le choix des deux titres qu'ils allaient chanter en live fut laissé à Harry.

Il choisit « Summer of 69 », un air qu'il avait beaucoup chanté enfant. Quand on annonça que Harry lui-même avait choisi les titres, il se retrouva propulsé au centre de l'attention.

Déjà, la rumeur courait que le nom du groupe était une trouvaille de Harry après qu'il eut dit que le groupe s'était fixé « une seule direction ».

Ce fut également lui qui prit la tête du groupe quand les garçons se mirent à déambuler dans la salle avant de prendre la position centrale une fois de retour sur le podium.

C'était un peu comme si on assistait à une relève des gardes. Walsh leur dit :

— Les gars, vous avez fait des étincelles ! J'ai adoré le choix de la chanson, la vitalité, l'atmosphère que vous apportez à la compétition. Sans One Direction, la compétition ne serait pas aussi palpitante.

Ce n'étaient pas les hordes de fans qui allaient dirent le contraire. Minogue se montra plus positive que la semaine précédente dans ses appréciations :

— Vous avez déjà fait beaucoup de chemin et vous ne cessez de progresser. J'aime ça.

Cole était abasourdie par la réaction du public :

— Vous avez quelques fans dans la salle, on dirait. Il y a de l'électricité dans l'air. C'est fantastique.

Mais ce furent les commentaires de Cowell qui firent mouche.

— Je ne suis absolument pas intervenu dans le choix du titre. C'est Harry qui l'a choisi. Bravo, Harry, dit-il.

Tandis que Harry faisait son plus beau sourire, ses compagnons le félicitèrent, Niall ébouriffant d'un geste espiègle la légendaire crinière de son coéquipier.

La demi-finale étant prévue la semaine suivante, Cowell rappela aux garçons – mais surtout au public – qu'ils s'étaient décarcassés pour en arriver là où ils étaient aujourd'hui, puis implora une fois de plus les téléspectateurs :

— S'il vous plaît, décrochez vos téléphones !

C'étaient là des paroles réjouissantes qui auraient dû ravir le groupe. Et le fait est que tous avaient l'air heureux, sauf un : Liam, qui se sentait peut-être relégué à l'arrière-plan à mesure que Harry gagnait en popularité ; il faisait une tête de six pieds de long quand O'Leary se répandit à son tour en éloges sur Harry.

Et lorsque le présentateur annonça le numéro que les téléspectateurs devaient composer pour élire One Direction, Liam était le seul à ne pas sourire.

À un moment, il fit mine de jouer avec son micro, mais on voyait bien que le cœur n'y était pas.

Leur deuxième titre était « You Are So Beautiful », et Harry, chantant tendrement son solo tandis que la caméra faisait un gros plan sur son visage enfantin, offrait un spectacle franchement émouvant. Difficile de contester le choix de la prod de mettre Harry au centre de l'attention. Walsh leur dit qu'ils avaient donné la preuve de leurs capacités vocales.

— Tout le monde dans ce groupe est un chanteur.

Minogue leur dit qu'ils avaient été « époustouflants » et Cole ajouta qu'elle les voyait promis à « une grande carrière ». Cowell leur dit :

— Sur tous les plans, cette performance-ci était ma préférée.

Puis, il complimenta Zayn en particulier.

Le public vota à nouveau pour eux en nombre suffisant. Cette fois, ils étaient en demi-finale !

La demi-finale

Leur premier titre était une reprise du tube phénoménal de Rihanna « Only Girl (in the World) ». À ce stade de la compétition, les garçons formaient un groupe bien rodé. Ils ne montaient plus sur scène avec cet air maladroit de chiens fous qui n'arrivaient pas à croire à leur chance. Ils semblaient au contraire sûrs d'eux et bien dans leur peau. Lorsqu'ils présentèrent le titre qu'ils allaient chanter, toutes les filles du Royaume-Uni sentirent que la chanson leur était spécialement dédiée. Walsh leur dit :

— Vous êtes de plus en plus convaincants à mesure que les semaines passent et vous créez à vous seuls l'engouement du public pour l'émission. S'il y a une justice, vous irez en finale, vous le méritez.

Minogue fut, une fois encore, la moins dithyrambique de tous les juges :

— Les gars, j'espère que vous n'allez pas nous décevoir, parce que j'ai vraiment envie que vous deveniez le prochain grand boys band, commença-t-elle.

Prenant au sérieux son rôle de juge, elle leur fit quelques critiques positives :

— Je dois vous avouer qu'il y a eu des semaines où je vous trouvais répétitifs, mais cette fois-ci vous vous êtes surpassés. Vous méritez vraiment d'aller en demi-finale.

Cole parla de sa semaine avec le groupe, qu'elle avait dû coacher elle-même en l'absence de Cowell.

— Du fait de l'absence de votre coach, cette semaine a été pour moi l'occasion d'apprendre à vous connaître un peu mieux. J'ai pris beaucoup de plaisir à vous faire répéter, mais ce titre, pour moi, était un peu risqué, dans la mesure où c'est un des plus gros tubes actuels de Rihanna, et qu'il fallait donner l'impression qu'il n'avait jamais été écrit pour elle. Je ne suis pas certaine que ça ait marché pour moi. Mais c'est sans importance. J'espère de tout cœur que vous irez en finale.

— C'est ce qu'on appelle de la diplomatie de haut vol ! dit Cowell en se référant aux propos de Cole.

Il s'employa ensuite à mettre en perspective la situation dans laquelle se trouvaient les garçons, soulignant qu'ils avaient fait des progrès stupéfiants et rappelant aux téléspectateurs qu'ils avaient encore besoin de leurs votes.

— Il faut que je vous dise une chose. Je sais que ça va ressembler à du favoritisme, mais j'ai trouvé que ce titre était parfait pour eux, parce que, ce que j'aime chez eux, c'est qu'ils ne choisissent jamais la facilité. Ils ont eu le culot d'opter pour quelque chose de complètement différent... Tout ce que je dirai pour conclure, c'est qu'en entendant le tonnerre d'applaudissements, les téléspectateurs qui sont chez eux vont penser qu'ils sont tirés d'affaire. Mais dans cette compétition personne n'est jamais tiré d'affaire jusqu'à la finale. Alors, décrochez vos téléphones et votez pour eux. Ils l'ont mérité.

Leur titre suivant était « Chasing Cars » de Snow Patrol. C'est un air plein de mélancolie et d'émotion, la chanson idéale pour s'attirer des suffrages. Qui aurait pu résister à l'envie de voter pour les garçons qui avaient mis tout leur cœur dans leur interprétation ? Walsh, toujours prêt à revendiquer son rôle dans la formation du groupe, déclara :

— Liam, Zayn, Niall, Harry et Louis... Je connais vos noms ! S'il y a une justice, tous les jeunes de ce pays vont décrocher leur téléphone et voter pour One Direction. Vous l'avez mérité !

Minogue ajouta :

— Les gars, vous venez de passer une semaine éprouvante, et vous vous en êtes sortis avec une performance vraiment très, très classe ! Vous avez littéralement grandi sous nos yeux…

Cole déclara :

— Cette semaine, vous m'avez beaucoup impressionnée. Zayn n'était pas là, Simon non plus, mais vous avez fait preuve d'une grande maturité et vous méritez d'aller en finale.

Cowell parla enfin.

— Les garçons, Tim, qui a travaillé avec vous toute la semaine, m'a dit que vous aviez décidé de vous lever à huit heures ce matin pour pouvoir répéter un peu plus avant le concert. Tout est dit. Vous avez compris en quoi consiste ce métier : se pousser aux fesses même quand on vient de passer une semaine à trimer, et, comme je l'ai déjà dit – et je suis sincère –, je suis aussi fier de vous au plan personnel qu'artistique. Vous nous avez donné un beau spectacle. Bravo.

À leur grande joie, le vote du public les propulsa en finale, où ils allaient devoir batailler contre Matt Cardle, Cher Lloyd et Rebecca Ferguson pour le titre de gagnant. Un boys band allait-il l'emporter pour la première fois de l'histoire de l'émission ?

Cependant, sous les sourires, les paillettes et l'excitation, un drame familial était en train de se jouer pour Zayn. Son grand-père, que Zayn décrivait comme un personnage jovial, chaleureux et plein d'entrain, était décédé pendant le week-end. Zayn était retourné à Bradford pour être aux côtés des siens en ces moments douloureux. Le fait qu'il soit revenu exprès à Londres pour participer au live en avait impressionné plus d'un, à commencer par Cowell.

Les autres membres du groupe resserrèrent les rangs autour de Zayn, allant même jusqu'à l'accompagner à Bradford pour les funérailles. Une marque d'amitié et de solidarité que Zayn n'était pas près d'oublier.

Popularité, unité et style… Pour One Direction, tout commençait à se mettre en place au bon moment.

La finale

Les chances de l'emporter étaient bonnes pour le groupe. La liesse de leurs fans était assourdissante, et le boys band avait suivi à la lettre la règle d'or de *The X Factor* : mieux valait atteindre des pics de popularité en fin qu'en début de course. Parmi leurs conseillers se trouvaient les champions des saisons précédentes : Joe McElderry – le chanteur qui avait motivé plusieurs membres de One Direction à se présenter aux auditions – et Alexandra Burke.

Cependant, un sondage publié dans le *Sun* le matin de la finale les donnait troisièmes derrière Rebecca Ferguson et prédisait la victoire de Matt Cardle.

Durant la semaine précédant la grande épreuve, il était de tradition que les finalistes fassent la tournée de leurs villes natales. Ce retour aux sources était toujours un grand moment de télévision et l'occasion pour les candidats de faire le plein de supporters dans leur région.

Les conditions météo n'ayant pas permis au groupe de se rendre chez Niall, en Irlande, les garçons se rendirent partout ailleurs, y compris chez Liam, à Wolverhampton, où ils se produisirent devant 5000 spectateurs. Liam raconta que l'expérience avait été « fabuleuse, et le public, merveilleux ».

La frénésie du public était telle que la police avait dû intervenir pour contenir la foule des supporters. Le boys band était en train de « faire le buzz », se souviendra-t-il plus tard. Harry ajouta :

— On était vraiment excités à l'idée qu'on allait donner un tas de petits concerts semblables et d'autres beaucoup plus grands.

Quand arriva le grand soir, le groupe s'efforça d'oublier les sondages publiés par le *Sun* pour se concentrer sur la performance à venir. La finale allait se dérouler sur deux soirées, avec des concerts live et des votes du public chaque fois.

Le premier titre qu'ils chantèrent était « Your Song » d'Elton John. Leurs rivaux ayant choisi des airs moins populaires, le groupe espérait que le leur allait leur rapporter des voix. Liam eut droit à son moment de gloire personnelle – littéralement, car, pour le premier couplet, il se retrouva seul en scène sous le faisceau d'un unique projeteur.

C'était le point culminant de sa trajectoire personnelle : depuis sa première expérience, en 2008, qui s'était soldée par son élimination de la Maison des juges, jusqu'à ce jour, où il se retrouvait à chanter quasiment en solo durant la finale.

À la fin du premier couplet, le groupe s'était reformé derrière une rangée de micros avec Harry au centre. Avec des flocons de neige artificielle, une lumière blanche éclatante et des choristes entièrement vêtus de blanc venus en renfort pour le chœur final, la production avait déployé des trésors d'effets spéciaux pour faire vibrer la corde sensible si chère aux téléspectateurs de *The X Factor*. Walsh, toujours aussi épaté, s'écria :

— Hé ! One Direction, vous êtes en finale ! J'espère que vous serez toujours là demain soir. C'est incroyable de voir comme le courant passe bien entre ces cinq garçons. Je sais que vous êtes devenus les meilleurs amis du monde. Je n'ai jamais vu un groupe susciter un tel engouement si tôt dans sa carrière. Je suis certain que vous avez un bel avenir devant vous. Niall, tout le monde en Irlande doit voter pour Niall !

Minogue se fit l'écho des souhaits de Walsh.

— Les gars, vous avez travaillé tellement dur durant toute la compétition. On vous a mis tous ensemble sans vraiment vous demander votre avis ; vous méritez d'être ici ce soir, et j'aimerais bien vous voir en finale demain.

Cowell déclara pour sa part que les deux premiers candidats, Cardle et Ferguson, avaient tellement « assuré » qu'il avait « le cœur serré » pour son groupe ce soir.

Néanmoins, il ajouta que le boys band avait assuré lui aussi à « mille pour cent », et que c'était un « plaisir de travailler » avec eux. Puis, craignant que ses remarques ne passent pour une oraison funèbre, il précisa :

— J'espère de tout cœur que les téléspectateurs vont décrocher leur téléphone et vous propulser en final, parce que vous le méritez vraiment.

La tension qui régnait sur le plateau ce soir-là était à la limite du supportable. S'il y avait une chose qu'on ne pouvait pas reprocher à la prod, c'était d'avoir su entretenir le suspense jusqu'au bout. L'excitation atteignit un nouveau pic quand les finalistes interprétèrent leurs duos. Cardle chanta avec Rihanna, Lloyd, avec will.i.am des Black Eyed Peas, et Ferguson, avec Christina Aguilera. Que des stars immenses. Et pourtant, les membres de One Direction s'estimaient les plus chanceux : Robbie Williams, l'homme qui les avait tous tant inspirés, allait chanter avec eux.

Les garçons irradiaient littéralement de bonheur, de fierté et presque d'incrédulité quand la star entra en scène pour interpréter « She's the One » avec eux. Même Zayn souriait. Le duo se déroula sans accroc, au grand soulagement de tous.

Par deux fois, avant cela, Williams avait joué de malchance : lors de son duo avec Olly Murs, un finaliste de la saison précédente, il avait loupé son entrée, gâchant ce qui aurait dû être l'un des plus grands moments de la finale.

Quelques semaines plus tôt, les portes d'accès au plateau s'étaient bloquées à l'instant même où il s'apprêtait à entrer en scène pour chanter « Bodies », son dernier single. Quand le duo avec One Direction s'acheva, il cria :

— Les gens – One Direction ! À vos téléphones !

Puis, tous les six se fondirent en une embrassade collective. Robbie alla même jusqu'à soulever Niall de terre. Louis déclara :

— Je suis un fan absolu de Robbie. Merci, merci mille fois d'avoir fait ça pour nous.

Ce à quoi Robbie répondit tranquillement :

— Oh ! mais ce fut un plaisir, les gars. Vous êtes « taillés dans le rock » !

Harry, plus sérieux qu'à l'ordinaire, évoqua le « plaisir de chanter avec Robbie ».

Cowell dit de Robbie qu'il était l'un des grands amis de l'émission et qu'il avait donné aux garçons « le frisson de leur vie ». Un frisson qui leur valut d'être propulsés en finale. Ce fut Cher Lloyd qui perdit cette manche, laissant One Direction en compétition avec Cardle et Ferguson.

Le dimanche, les enjeux étaient au plus haut. Pour ce qui allait être leur ultime performance de la compétition, One Direction avait choisi « Torn », un titre qu'ils avaient déjà chanté dans la Maison des juges et qui allait permettre aux garçons – et au public – de mesurer le chemin parcouru depuis lors. Leurs rivaux, Cardle et Ferguson, chantèrent respectivement « Firework » de Katy Perry et « Sweet Dreams » de Eurythmics. L'un des trois candidats allait être éliminé lors du prochain vote, ne laissant plus que deux concurrents en lice.

Bien que très élogieux pour le boys band, le verdict des juges créa un climat d'expectative en rappelant que la compétition touchait à sa fin.

— Vous dégagez une alchimie particulière. J'ai adoré les harmonies et le choix du titre. Nous avons là cinq futures pop stars ! déclara Walsh.

Dannii Minogue ajouta :

— Les gars, vous avez fait tout ce qu'il fallait pour aller en finale. Cette performance était fantastique. Quel que soit le choix du public, je suis sûre que vous allez continuer, faire des disques et devenir le prochain grand boys band.

Cole insista particulièrement sur la note finale :

— Ç'a été un immense plaisir de vous avoir avec nous, depuis votre première audition, les garçons. Quand je pense que c'était il y a quelques mois seulement ! Je crois que vous avez de beaux succès devant vous et je veux vous dire merci de nous avoir apporté votre joie de vivre.

Seul Simon Cowell (mais on s'en serait douté) évoqua le triomphe des garçons.

— Soyons clair : quiconque arrive en finale a de bonnes perspectives d'avenir, dit-il. Mais il s'agit d'une compétition, c'est-à-dire de décider qui a travaillé le plus dur, qui mérite de gagner, qui est le plus novateur. J'aimerais entendre prononcer vos noms à la fin de la compétition, parce que je pense que vous le méritez.

Après le départ de Cher Lloyd, les votes du week-end étaient jusqu'ici en conformité avec les prédictions du *Sun*. Et si les prédictions se confirmaient, One Direction allait devoir quitter la compétition. Matt Cardle et Dannii Minogue se tenaient à gauche de la scène. Rebecca Ferguson et Cheryl Cole, à droite, et One Direction, au centre, en compagnie de Simon Cowell.

Comme toujours, en marquant des pauses pour faire monter la tension jusqu'à la limite du supportable, Dermot O'Leary annonça que Cardle, puis Ferguson restaient en lice, évinçant One Direction de la compétition.

Cowell fut le premier à réagir. Il semblait contrarié, presque furieux quand il tourna le dos au public pour exprimer son mécontentement. Les garçons étaient totalement abasourdis. Comme l'écrivit un *follower* sur Twitter :

— C'était comme de regarder Justin Bieber en train de s'effondrer à travers un kaléidoscope.

Ce fut Louis, en tant qu'aîné du groupe, qui

prit la parole après l'annonce de la nouvelle dévastatrice.

— Ç'a été une expérience absolument unique, dit-il. Pour moi, le moment le plus fort a été quand nous avons chanté ensemble pour la première fois dans la Maison des juges. C'était incroyable. Et vous savez quoi ? Nous avons vraiment donné le meilleur de nous-mêmes, nous avons travaillé comme des malades.

Zayn, s'exprimant sur l'avenir du groupe, déclara sur le ton du défi, redonnant espoir à tous les fans du boys band dont le cœur avait chaviré à l'annonce du verdict final :

— Nous allons rester ensemble, ce n'est pas la fin de One Direction !

Cependant, l'émission n'était pas terminée, et One Direction dut assister à la finale depuis les coulisses. Quand Cardle remporta le titre, les garçons étaient fous de joie pour lui. Quand il chanta « When We Collide », les autres finalistes s'empressèrent de le rejoindre sur scène.

La célébration collective qui s'ensuivit à ce point de l'émission est toujours un grand moment d'émotion. Réunis autour de Cardle, les membres de One Direction étaient aussi réjouis que tous les autres participants. Niall, débordant d'enthousiasme comme toujours, fut le premier à serrer le gagnant dans ses bras.

Tandis que Cardle était englouti par la foule, Harry lui donnait la réplique, et Niall allait se poster sur le devant de la scène pour chauffer la salle déjà passablement surexcitée. L'euphorie était à son comble, et le meilleur moment – ou le pire, aux yeux de certains – était encore à venir.

Tandis qu'O'Leary annonçait officiellement la fin de la soirée et de la saison, la caméra surprit Harry en train de chuchoter à l'oreille de Cardle. Tous les téléspectateurs ne parvinrent pas à deviner ce que Harry lui disait, mais certains parmi les plus observateurs prétendirent que si.

En quelques secondes, les messages se mirent à pleuvoir sur Twitter : « Pense à tous les minous que tu vas pouvoir t'offrir », aurait dit Harry selon les *followers*. Cette conjecture fut reprise par tous les médias, provocant tantôt l'indignation, l'amusement ou l'approbation du public.

Bien que, dans un premier temps, Harry ait refusé de révéler ce qu'il avait soufflé à Cardle, il finit par admettre qu'il avait, en effet, eu cette remarque grivoise, mais seulement après que les médias se furent emparés de l'affaire qu'ils avaient baptisée le « minougate ».

La mère de Harry était tellement furieuse qu'elle lui passa un savon mémorable quand il rentra à la maison.

Pour la série d'interviews qu'il donna à *Digital Spy*, Harry s'en tint à des propos plus châtiés et consensuels.

— Quand nous sommes entrés dans le studio pour la première fois et quand nous avons attendu tous les cinq derrière les portes, pour notre premier live, pour moi, c'était le meilleur moment.

C'était la première fois qu'on se produisait ensemble en public, pour de vrai.

Durant cette première semaine, auraient-ils pu imaginer qu'ils iraient jusqu'en finale ? Si leur déception de n'avoir pas remporté la compétition fut immense, leur fierté d'avoir parcouru tout ce chemin l'était tout autant.

Restait cependant une question, toute petite, mais qui avait son importance : qu'allaient-ils faire ensuite ?

8

POURQUOI ILS SONT UNIQUES

Après leur élimination, les garçons furent convoqués en privé par Cowell.

— J'ai pris une décision, leur dit-il avant de marquer une pause théâtrale qui leur donna l'impression qu'ils étaient de retour dans l'émission.

Pour finir, il leur expliqua qu'il avait décidé de leur offrir un contrat sur son label Sony. Fidèle à lui-même le bon vieil « oncle » Simon venait de montrer que, même en l'absence de caméras, il ne pouvait résister à l'envie de faire monter le suspense. Mais le fait est que, quand on fait une annonce aussi capitale, il doit être difficile de ne pas faire durer le plaisir, quitte à laisser les intéressés au bord de l'apoplexie.

Quoi qu'il en soit, c'était la nouvelle que les garçons avaient espérée, car, bien que les commentateurs aient été nombreux à affirmer que Cowell allait faire signer le boys band, qu'il gagne ou non la compétition, aucun des garçons n'avait pris la chose comme allant de soi. Ils savaient que l'industrie du disque était une grosse machine capricieuse et impitoyable avec les artistes.

C'est pourquoi leur émotion fut si vive en apprenant la nouvelle, que Harry – ce garçon d'ordinaire si cool et flegmatique – éclata littéralement en sanglots. Naturellement, ils brûlaient d'envie de l'annoncer à leurs parents. Comme beaucoup d'artistes, les garçons voulaient que pères et mères soient fiers d'eux.

Cowell leur dit :

— Il faut que vous en profitiez au maximum. Vous allez gagner beaucoup d'argent, et il faut en profiter au maximum.

Bien que les garçons ne l'aient pas réalisé d'emblée, Cowell leur avait consenti un gros sacrifice. Il était tellement certain d'avoir un groupe en or entre les mains, qu'il avait invité d'autres labels Sony à lui faire des propositions avant de décider avec qui ils signeraient.

Au lieu de les faire signer automatiquement sur son propre label, il était prêt à les céder à un concurrent. Il expliqua les raisons de son choix à *Rolling Stone*.

— Les enjeux étaient tellement colossaux que nous avons lancé un appel d'offres, dit-il. Je n'ai pas voulu les faire signer automatiquement sur mon label, sachant que d'autres pourraient présenter des propositions plus intéressantes… Le groupe était tellement populaire, que j'étais disposé à le céder à un autre label Sony.

Gonflés à bloc, les garçons partirent chacun de leur côté pour fêter Noël en famille. On ne leur avait accordé qu'une semaine de vacances, mais ils étaient heureux de pouvoir la passer avec leurs proches, dans un havre de paix et de sérénité, après des mois de folie et de stress.

Ces retrouvailles familiales furent pour eux l'occasion de mesurer combien leurs vies avaient changé en l'espace d'une année… et de se confronter à la réalité du succès.

Zayn avait provoqué une onde de choc de plusieurs minutes dans la galerie commerciale où il était entré pour faire ses achats de Noël. Harry, quant à lui, avait remarqué un attroupement de fans qui faisaient le pied de grue nuit et jour à l'extérieur de chez ses parents.

C'était la première fois qu'il était confronté à ce *fan-atisme* et il craignait que ses adoratrices n'attrapent froid.

À peu près à la même époque, Louis apprit que certains habitants de Doncaster clamaient haut et fort qu'il n'était pas digne de la popularité et du succès qui l'entouraient. Il arrive qu'on provoque ce genre de réaction quand on vient de province et qu'on a réussi à s'élever au-dessus du lot.

En réalité, ce n'est rien que de la jalousie et la preuve que vous avez réussi. Mais, sur le moment, ce n'est pas toujours facile à encaisser, en particulier pour quelqu'un d'aussi jeune que Louis. Quelques semaines plus tôt, Louis avait essuyé le même genre de remarques de la part de Steve Brookstein, le gagnant d'une saison précédente de *The X Factor*.

Le crooner, notoirement connu pour avoir mal réagi à sa propre chute de popularité, avait écrit sur Twitter qu'en décrochant un contrat chez Sony, Louis « était le plus gros veinard de l'histoire de la musique ». Cette pique allait lui attirer les foudres des fans de One Direction.

Tandis que les fans se déchaînaient contre Brookstein sur Twitter, la mère de Louis, Johanna, lui envoyait un message bien senti :

— Salut, je suis la mère de Louis. Chez nous, on a toujours bien aimé ce que vous faisiez et acheté vos albums. Pourquoi vous montrez-vous si cruel ? Pourquoi cherchez-vous à l'humilier publiquement ? Après son audition, il avait le moral à zéro. Il était incroyablement tendu. Vous devriez aller l'écouter sur YouTube. Il n'a que dix-huit ans, Steve ! Et moi qui croyais que vous étiez quelqu'un de bien ! Malheureusement, nous nous apercevons que les rumeurs qui courent à votre sujet sont fondées.

Loin de manifester des regrets, Brookstein rétorqua :

— Si vous êtes la mère de Louis, payez-lui des leçons de chant pour Noël. Une bonne douzaine au moins.

Mais alors que Twitter était à deux doigts d'imploser sous le nombre des tweets incendiaires des fans de One Direction, Brookstein persistait et signait.

— Ce gamin est un imposteur, écrivit-il. Un Mickey déguisé en cow-boy. Ne vous en prenez pas à moi s'il chante comme une casserole.

Louis répondit avec dignité :

— Steve, tu es mon idole !

C'était une réponse élégante aux attaques proférées par un homme qui était suffisamment âgé pour être son père.

Mais déjà la coupure de Noël s'achevait, et One Direction reprenait le chemin de Londres. Leur première mission de l'année 2011 ne fut pas la plus éprouvante.

Alors que les simples mortels devaient affronter les rigueurs de l'hiver pour se rendre au lycée, à la fac ou au boulot, One Direction s'envolait pour des cieux plus cléments, sur la côte ouest des États-Unis. Ils passèrent cinq jours à Los Angeles, la capitale autoproclamée de l'industrie du spectacle. Là-bas, le soleil était au rendez-vous, et la ville scintillait du feu de toutes ses étoiles.

Les garçons partagèrent leur temps entre les séances d'enregistrement, les réunions avec Max Martin (leur principal producteur), le shopping et le tourisme.

De retour en Grande-Bretagne, fin janvier, ils eurent droit à leur premier vrai bain de foule : des centaines de fans déchaînées étaient venues les accueillir à l'aéroport de Heathrow.

Les services de sécurité durent intervenir et les faire monter en urgence dans une voiture de police pour éviter qu'ils ne soient piétinés par la foule. Ce fut une expérience délirante, à laquelle les membres réagirent chacun à leur façon.

Louis, par exemple, se dit « littéralement transporté », alors que Niall déclara avoir eu la frousse de sa vie.

Anecdote plutôt savoureuse, Ronan Keating, ex-leader du groupe Boyzone et super vedette des années 1990, venait d'atterrir lui aussi. Il écrivit sur Twitter :

— Je viens de débarquer à Heathrow et, quand je suis sorti sur le tarmac, j'ai vu des centaines de fans en train de hurler, mais pas pour moi, ha ! ha ! One Direction était dans l'avion.

N'empêche que le spectacle de la foule en liesse avait dû raviver des souvenirs émouvants pour Keating.

La suite du programme pour One Direction était la grande tournée live de *The X Factor*, où toujours plus de fans allaient leur hurler leur amour, au risque de leur crever les tympans.

Avec la plupart des autres finalistes de l'émission, ils se produisirent dans tout ce que le Royaume-Uni comptait de salles omnisports. Les répétitions débutèrent quelques jours avant le début de la tournée – ils durent apprendre de nouvelles chorégraphies et des répliques à dire entre deux chansons.

C'était un programme chargé, avec parfois jusqu'à 20 répétitions par jour, sous un chapiteau à Wakefield, mais le jeu en valait la chandelle.

Durant la tournée, ils partagèrent une loge avec tous les autres artistes masculins, dont Matt Cardle, Aidan Grimshaw et même le comique Wagner. La loge était un lieu plein de rires et de gaieté, où ils évoquaient leurs souvenirs les plus drôles et méditaient sur leur carrière future. Après chaque concert, ils rentraient à l'hôtel où ils prenaient le bar d'assaut et faisaient la fête jusqu'au bout de la nuit.

À deux occasions, la soirée s'acheva sur « une bataille de fruits ». La première, à Sheffield, dura pas moins de cinq minutes qui resteront longtemps gravées dans les mémoires.

Tout commença quand Louis essaya de lancer un trognon de pomme dans la poubelle. La « revanche » eut lieu à Liverpool.

Pas étonnant que Harry n'ait pas eu envie que la tournée s'achève. Les légumes aussi jouèrent un rôle important dans la tournée. Après que Louis eut une fois déclaré en plaisantant qu'il aimait les filles qui mangeaient des carottes, les garçons furent bombardés de carottes par leurs fans.

Les filles venaient au concert avec des bannières ou des tee-shirts imprimés de carottes, ou des vraies bottes de carottes.

À une occasion, Louis monta sur scène déguisé en carotte. Il déclara plus tard, non sans humour, que toutes ces carottes avaient considérablement « amélioré sa vision nocturne ».

Quand ils étaient sur scène, les garçons rayonnaient de bonheur. Depuis la soirée d'ouverture à Birmingham, où ils furent acclamés par une foule de 12 000 spectateurs, et dans toutes les autres villes ensuite, jusqu'en Irlande, ce fut une expérience inoubliable. Et précieuse.

Car ils allaient bientôt remplir à eux seuls des salles aussi vastes – et même plus vastes – que celles de la tournée de *The X Factor*. En général, les boys bands commencent par se produire dans des petites salles, puis passent progressivement à des salles de plus en plus grandes, au lieu de jouer à guichets fermés dans des salles gigantesques dès leur première tournée.

Si bien que cette première tournée leur avait donné un avant-goût de ce qui les attendait lorsqu'ils devraient se produire seuls devant des foules immenses.

Parmi les souvenirs les plus marquants de cette tournée, il y eut les fois où le pantalon de Liam craqua alors qu'il était en train de chanter. C'était toujours quand ils interprétaient « Forever Young » que ces « dysfonctionnements vestimentaires » se manifestaient. Ce qui était sûr, c'est que les filles qui étaient dans la salle n'allaient pas crier « Remboursez ! »

Pour la soirée d'adieu, après le dernier concert, toute la troupe, la régie et les artistes se rendirent en boîte pour arroser l'évènement. Tous les gens présents purent constater que les plus gros fêtards du groupe étaient Harry et Louis, Louis ayant même un certain avantage sur Harry. L'un des meilleurs souvenirs de la tournée était la cuisine : le poulet de la chaîne de restaurants Nando's avait fait l'unanimité au sein du boys band.

La tournée s'achevait, mais d'autres projets étaient déjà en route. Le plus important était le tournage d'une publicité pour un jeu Nintendo DS. Réalisé dans une chambre d'hôtel, ce tournage n'avait rien d'épuisant pour les garçons qui étaient filmés en train de jouer à la console. Louis, pas blasé pour deux sous, fut ravi d'apprendre qu'un jeu Pokémon DS était inclus dans le contrat. Simultanément, ils étaient en train de sortir *Forever Young*, le premier livre officiel de One Direction, et devaient participer à la tournée promotionnelle.

Des séances de dédicace mémorables permirent de booster les ventes de leur premier titre, qui se hissa en tête des best-sellers.

D'autres livres consacrés au boys band parurent dans les mois qui suivirent l'émission, plaçant One Direction dans une situation pour le moins cocasse : ils avaient plus de livres que d'albums à leur actif. Mais la tendance n'allait pas tarder à s'inverser.

Après la tournée, les garçons prirent un peu de vacances. Niall se rendit en Espagne avec son père et un ami ; Liam alla en Floride avec ses parents ; Louis et Harry partirent faire du ski à Courchevel.

À leur retour, ils se rendirent immédiatement au studio pour enregistrer leur premier single. Le titre, choisi avec soin, était « What Makes You Beautiful ». La musique démarre sur un riff de guitare bien rythmé, presque insolent, qui n'est pas sans rappeler les premiers airs de McFLy.

Puis un battement de cymbale introduit le premier couplet. C'est Liam qui ouvre le jeu, avec une voix aux accents rauques et profonds qui vous prend aux tripes. L'accompagnement s'étoffe au moment de la transition avec Harry, dont la voix inspirée nous transporte comme dans un rêve jusqu'au refrain.

À ce point, la musique explose avec toute la saveur d'un hymne pop rock.

Le deuxième couplet emprunte une voie stylistique légèrement différente.

La contribution de Zayn, flirtant avec le rap, donne à l'ensemble un je-ne-sais-quoi de « tranchant ». Harry reprend à nouveau le lead pour nous amener jusqu'au refrain.

Après quoi, une mélopée « na-na-na-na » typiquement pop années 1980 se dévide en boucle jusqu'aux quelques notes chantées a capella par Harry. Il s'ensuit un moment inattendu de calme et de sérénité, juste avant l'explosion du refrain final. Ce n'est pas un air qui devrait s'achever en fading, et ce n'est d'ailleurs pas le cas. Le final, *« That's what makes you beautiful »* de Harry vient clore 3 minutes et 18 secondes d'un tube pop qui confine à la perfection.

Grâce à ce titre soigneusement choisi, le groupe se démarquait du reste des boys bands britanniques comme Westlife et ses romances sirupeuses jouant sur les modulations, ou The Wanted et leur fausse image juvénile.

Cet air mettait en valeur les points forts de One Direction : l'espièglerie, l'insouciance, la jeunesse, la profondeur et le dynamisme. Jamais une génération de filles n'avait eu aussi envie de secouer sa chevelure.

Les auteurs, Rami Yacoub, Carl Falk et Savan Kotecha, qui ont également écrit pour Westlife, Britney Spears, Nicki Minaj, Usher et Céline Dion, nous livrent là un véritable bijou.

Musicalement, la progression harmonique est éclatante, et l'orchestration (signée Yacoub et Falk) d'une délicieuse simplicité. Il convient de saluer les artisans qui se cachent derrière le titre et ceux qui l'ont choisi pour One Direction.

Ce sont des chansons comme celle-là qui définissent et incarnent l'esprit teenage pop dont la simplicité n'est qu'apparente.

Les garçons eurent tôt fait de le comprendre.

— Quand on était dans le studio, en train de répéter, on a tout de suite compris que c'était ce titre-là qu'il nous fallait pour notre premier single, confia Harry à *Digital Spy*. Je crois que, ce qu'on cherchait, c'était un titre fun plutôt que larmoyant. Et celui-là nous ressemblait. Ça nous a pris un moment pour le trouver, mais on y est arrivés.

Liam aussi a senti que cette chanson était faite pour eux.

— On voulait qu'il [notre premier single] surprenne les gens, et, quand on l'a entendu pour la première fois, il nous a surpris nous-mêmes, ce qui voulait dire qu'il était fait pour nous.

Au moment de la sortie du disque, la pression était intense.

— On attend beaucoup d'un premier single, explique Louis. Tous vos fans savent que vous êtes en train d'enregistrer quelque chose, alors, forcément, on est dans ses petits souliers.

Ce premier titre est traversé par de multiples influences. Outre McFly déjà mentionné plus haut, on retrouve celle de géants de la pop américaine comme 'N Sync, le rock planant de Pink Floyd, ou des classiques de pop-folk mexicain comme « La Bamba ».

D'aucuns ont également évoqué Example et Calvin Harris, sans parler du riff d'intro qui rappelle « Summer Loving » de *Grease* – un rapprochement qui ne manquait pas de sel, certains des garçons ayant joué dans des représentations de la comédie musicale quand ils étaient au lycée.

Le jour de la sortie du single, le 11 septembre 2011, la critique fut emballée. Une chanson qui parle « d'une espèce menacée comme le groupe les aime : une fille qui a un physique de rêve, mais qui ne le sait pas », écrivait Robert Copsey de *Digital Spy*, avant de se répandre en éloges sur la qualité du titre auquel il accordait quatre étoiles sur cinq.

Mélange de Pink et de McFly, c'est, selon lui, « un hommage à notre premier amour de jeunesse, adorable et plein de candeur qui va faire des ravages chez les adolescentes ».

De la part d'un site Web qui fait ses choux gras de la téléréalité et de ses fans, on ne pouvait s'attendre qu'à une critique favorable.

Plus inattendue fut celle d'Ailbhe Malone, critique musicale chez *NME*, pour qui le clip était « si candide qu'on ose à peine se tenir par la main, de crainte de se laisser emporter par l'émotion ». Cependant, elle ajoutait que ce n'était pas « une mauvaise chose ».

Se livrant ensuite à une analyse musicale, Malone poursuivait :

— Dans le droit fil de leur magnifique interprétation de « My Life Would Suck Without You », « What Makes You Beautiful » est plein d'exubérance avec un « oh na na na » particulièrement entraînant qu'on croirait tout droit sorti des années 1980. Le vrai génie musical réside dans la progression harmonique si simple qu'on peut la jouer sur une guitare sèche dans une soirée entre copains.

La chaîne de télévision pour enfants *Newsround* attribua quatre étoiles sur cinq au single en déclarant :

— Pensez été, soleil, beach party entre copains, et vous aurez une idée générale de l'ambiance que dégage « What Makes You Beautiful ». C'est un classique pop : fun, rythmé et incroyablement entraînant.

Comme nous allons le voir, la critique ou même le public n'étaient pas les seuls à plébisciter cette chanson : les music awards s'y mirent également.

Mais commençons par jeter un coup d'œil aux performances commerciales du disque.

— Je suis excité parce que c'est ce que j'ai toujours voulu faire et que mon rêve s'est réalisé, confia Zayn au magazine *Top of the Pops* avant la sortie du single.

Quand il fut enfin disponible dans les bacs, les fans étaient tellement impatientes qu'on s'attendait à un record de ventes. Trois semaines avant la sortie du titre, Sony annonça que le single avait déjà battu tous les records de commandes de toute l'histoire de la maison, un tour de force quand on sait que Sony héberge les plus grandes stars mondiales comme Michael Jackson, Beyoncé ou Christina Aguilera. Dès sa sortie, le titre se plaça en première place des charts britanniques

Des débuts fracassants avec le single *What Makes You Beautiful* qui se place au sommet des charts.

En dépit de leur succès foudroyant,
les One Direction restent des ados.

Lancement de *Up All Night*, l'album
qui s'est vendu le plus rapidement en 2011.

Toujours plus haut ! Le *All Night tour* commence en décembre 2011 et débarque en Europe, en Australie et en Amérique du Nord.

Avec James Corden, l'animateur des BRIT Awards 2012.

Le facétieux Niall se lâche.

Un pur moment de joie, après avoir remporté le prix du meilleur single anglais.

À la conquête des États-Unis. One Direction devient le premier groupe anglais à devenir numéro 1 dans les charts américains avec leur premier album. Sur scène pour le 25e Kids' Choice Awards.

En interview pour un radio new-yorkaise.

Liam aime
faire du surf,
ici en Australie.

Qui est le plus
mignon ?
Louis ou le koala ?

Petit moment de détente bien mérité pour nos stars en herbe.

De participants à une émission télévisée à stars mondiales :
il n'y a qu'une seule direction !

et irlandais. Le moment venu, il allait également faire parler de lui à l'extérieur du Royaume-Uni.

Le clip de promotion a naturellement contribué pour une large part à son succès. L'avènement du clip musical a joué un rôle important dans la promotion des artistes depuis les années 1980.

Mais, à l'heure d'Internet, il a acquis une nouvelle dimension : grâce à YouTube et les réseaux sociaux, les producteurs peuvent, dans une certaine mesure, court-circuiter les médias traditionnels et commercialiser directement leurs clips auprès des fans.

One Direction avait filmé son clip en deux jours à Malibu, Californie. Dirigés par le cinéaste et photographe John Urbano, on voit les garçons s'ébattant sur la plage, conduisant un camping-car, jouant au foot, entre autres choses.

Ils dégagent une joie de vivre contagieuse. Quand il chante sa partie (au sujet des cheveux au vent) dans le premier refrain, Harry secoue sa propre chevelure devenue légendaire.

Quelques jeunes filles viennent se joindre brièvement au groupe, mais c'est quand les garçons retirent leurs hauts pour se jeter à l'eau que l'intérêt des spectateurs redouble.

Les montrer torse nu pendant quelques secondes seulement était un choix délibéré : la production ne voulait pas les sexualiser à outrance alors qu'ils n'en étaient qu'au début de leur carrière. Elle se souvenait que Justin Bieber avait conquis le monde de la pop grâce à son image proprette de garçon bien élevé.

Le moment le plus intime du clip montre Harry se rapprochant d'une des figurantes pour lui chanter son couplet a capella. Harry a l'air presque (mais pas tout à fait) détendu, alors que la fille semble nettement moins à l'aise, et pas spécialement contente de se trouver là.

Tourner un clip comme celui-là est souvent une expérience fastidieuse et épuisante, si bien que les fans du groupe – qui auraient tué père et mère pour être à la place de la figurante – sauront se montrer compréhensives et pardonner à la figurante son manque d'enthousiasme.

Le groupe n'en était qu'au début de sa tournée promotionnelle. Sa première grande interview télévisée fut réalisée par Alan Carr sur Channel 4 dans *Chatty Man*.

Grâce à son extraordinaire bagout, Carr parvint à mettre les garçons en valeur et à dissiper les doutes de ceux qui, jusque-là, voyaient dans les garçons des pantins dénués de personnalité.

Mieux même : il réussit à tenir tout le monde en haleine. Harry, en particulier, débordait de charisme. Naturellement, Carr ne se priva pas de remettre le « minougate » sur le tapis. L'explication pince-sans-rire de Harry restera longtemps gravée dans les esprits.

— C'était une remarque complètement innocente ! dira-t-il. Avant l'émission, Matt et moi avions parlé de cadeaux de Noël, et il m'avait dit qu'il voulait offrir autant de chats qu'il le pourrait à sa mère. Si bien que, quand il a gagné, je lui ai dit qu'il allait pouvoir combler sa maman.

Bien sûr, personne ne crut un instant à cette explication, mais tout le monde rit de l'à-propos de Harry.

Parmi les moments forts de l'interview, on se souviendra de Niall imitant à merveille Peter Dickson, le présentateur de *The X Factor*, et des anecdotes savoureuses de Louis sur les voitures américaines.

À propos de l'attaque de Brookstein sur Twitter, Carr demanda à Louis :

— Est-ce que ta mère te défend toujours comme ça, bec et ongles ?

À la grande joie de tous, Louis reconnut que oui. Carr créa ensuite l'émotion parmi les garçons lorsqu'il évoqua une possible idylle entre Harry et Madison, la figurante du clip.

— Est-il exact que tu as fait un petit tour du côté de Madison avenue ? demanda-t-il, ce qui provoqua l'hilarité générale.

Le groupe fut ensuite invité à chanter son titre dans le jeu télévisé de Cowell, *Red or Black*. Mais leur apparition à l'écran ne fut pas aussi joyeuse que les garçons l'espéraient.

Une vidéo avait été réalisée spécialement, où on les voyait dans le métro, en train de chanter les deux premiers couplets de leur chanson, puis se faisant pourchasser par leurs fans jusque dans les studios de télévision. Ce qui était censé être un clin d'œil divertissant fut interprété par certains téléspectateurs comme la preuve que le groupe était incapable de chanter son single en live du début à la fin.

On aurait pu penser que voir Harry chanter son couplet a capella sur scène allait suffire à dissiper les doutes. Mais il était visiblement nerveux – et essoufflé d'avoir dansé et gambadé sur scène. Ses mains tremblaient quand il prit le micro, et la panique se lisait dans ses yeux.

S'il ratait son entrée, c'était toute la performance qui s'effondrait lamentablement. Heureusement, il n'en fut rien, et quand son solo s'acheva, il était visiblement soulagé.

Niall lui tapota gentiment l'épaule tandis que le groupe entonnait le final à pleins poumons. Tout s'était bien passé…, enfin, peut-être.

Une fois hors antenne, Harry reconnut qu'il « s'en voulait un peu » de n'avoir pas su contrôler son trac. Il se connecta sur Twitter pour voir les réactions. Il eut un choc en découvrant les bordées d'injures dont il était la cible. Louis essaya de le réconforter, puis réalisa qu'il ne pouvait pas grand-chose pour lui.

— Je me sentais complètement désemparé, reconnaîtra-t-il plus tard.

Les garçons resserrèrent leurs rangs autour de Harry, lui répétant que ses fans et eux continuaient de l'adorer. Et c'était vrai. Aux yeux de nombreuses fans, ce moment de faiblesse ne l'avait rendu que plus vrai et attachant.

Il leur avait rappelé que ce nouveau boys band était composé de tout jeunes garçons. One Direction était en route pour les sommets de la gloire, mais l'image de perdants continuait de leur coller à la peau. Ils étaient bien coachés et soignaient scrupuleusement leur image.

Depuis qu'ils avaient quitté *The X Factor*, ils s'étaient transformés physiquement, mais seulement jusqu'à un certain point : ils avaient adopté le look et les manières de pop stars tout en restant les garçons qu'ils étaient durant les premières auditions.

Ce qui allait suivre était un moment déterminant pour la carrière de One Direction.

Intitulé *Up All Night*, le premier album du groupe avait été soigneusement élaboré et brillamment réalisé. Il débute avec le fameux « What Makes You Beautiful ».

C'est un album varié et plein de surprises, dont la première est le deuxième titre, contrastant radicalement avec la piste d'ouverture. « It's Gotta Be You » est une ballade aux accents romantiques, dont les paroles expriment le regret d'avoir fait du mal sans le vouloir.

Qui pourrait rester insensible à cette complainte de la deuxième chance, avec sa sublime intro au violon et son refrain épique ? Pas étonnant que le titre ait été sélectionné pour faire un deuxième single.

La troisième piste joue, comme le titre d'ouverture, sur le registre pop-rock. « One Thing » s'inscrit tout naturellement dans la lignée de « What Makes You Beautiful ».

À bien des égards, les paroles reflètent l'histoire des garçons : cette *one thing* dont ils ont tant besoin et que semble détenir la fille de la chanson, c'est aussi que ce je-ne-sais-quoi qui les a rendus uniques aux yeux de Simon Cowell et des producteurs. « More Than This », avec son tempo lent et soyeux, contient des passages en voix de fausset qui démontrent l'étendue vocale des garçons et confère une réelle profondeur à l'ensemble. Le titre comporte aussi un beau solo de Louis, dont la performance est un pied de nez aux critiques en ligne qu'il s'était attirées l'année précédente.

« Up All Night », la chanson titre de l'album (piste 5), est un vibrant appel de toute une génération à faire la fête. « I Wish » est un air sans grande originalité, bien léché, mais pas transcendant. « Tell Me a Lie », quant à lui, exsude littéralement l'Amérique : exactement le genre de titre qu'on a envie d'écouter au volant d'un coupé US avec le toit baissé.

La piste suivante, « Taken », offre un contraste saisissant avec ses riffs de guitare acoustique qui nous donnent envie de reprendre les refrains en chœur autour d'un feu de camp. Harry est particulièrement excellent dans ce titre, où les garçons se demandent : *« Who do you think you are ? »* (« Pour qui te prends-tu ? ») sur un ton légèrement menaçant.

La chanson suivante, « I Want », ressemble comme deux gouttes d'eau à un air de McFly, et pour cause : c'est Tom Fletcher qui l'a écrite. Bien qu'ayant eu des remarques peu obligeantes à l'égard de One Direction quand le groupe commença à faire parler de lui, Fletcher n'a pas tardé à reconnaître son fort potentiel commercial et lui a bien volontiers écrit cette chanson. « Everything About You » s'inscrit nettement dans la veine électro, avec des paroles décapantes qui la font ressortir du lot.

« Same Mistakes » est une ballade pleine de tendresse, dont l'accompagnement riche en harmoniques met joliment en valeur les voix des garçons. Dans l'avant-dernier titre, le groupe déclare vouloir sauver une fille dont la vie n'est pas rose tous les jours.

On imagine bien JLS ou The Wanted chanter « Save You Tonight », qui joue habilement sur la corde sensible. Il y a fort à parier que les fans des garçons auront envie d'être sauvées elles aussi.

Quand la dernière piste s'ouvre, il y a un instant d'hésitation chez l'auditeur, qui a l'impression d'entendre les premières mesures de « Dynamite » de Taio Cruz. Après quoi, quand arrive la transition, il y a comme des échos de « Only Girl (in the

World) » de Rihanna. Un véritable hymne pour clore un album très réussi.

Pour réaliser ce tour de force, les garçons ont travaillé avec les plus grands noms de la profession, dont Wayne Hector, l'auteur du mégatube de Westlife « Flying without Wings ». Steve Robson, qui a travaillé avec James Morrison et Busted, était également de la partie. Mais ceux qui ont sans doute le plus impressionné les garçons étaient RedOne, qui a coproduit une série de tubes pour Lady Gaga et Ed Sheeran, le célèbre auteur-interprète à la chevelure rouge carotte.

— Collaborer avec quelqu'un comme Ed Sheeran a vraiment été un honneur, dira Niall.

Harry abonde dans son sens, déclarant que les gens qui ont travaillé sur leur premier album étaient des « légendes ». Liam, quant à lui, se dit ravi d'avoir collaboré avec la « machine à tubes » Claude Kelly, l'homme qui se cache derrière « Grenade ». Ils ont enregistré une partie des pistes au Royaume-Uni et une autre aux États-Unis, avec la participation de pas moins de 22 compositeurs, sans compter les garçons eux-mêmes qui ont cosignés trois de leurs titres.

L'album a démarré en deuxième place des charts au Royaume-Uni. Et, comme si cela ne suffisait pas, il pulvérisa les records de vitesse de ventes en 2011 et se classa dans le top 10 des meilleures ventes en Suède, en Irlande, aux Pays-Bas, en Nouvelle-Zélande et en Australie. (Sa sortie en Amérique était prévue pour mars 2012.) Gordon Smart, du *Sun*, prédisait que les fans du groupe allaient s'arracher « Up All Night » avant de se répandre en éloges sur l'album dont il trouvait le mix de styles très réussi. Le magazine *Cosmopolitan* déclarait :

— Ce mélange de tubes tous plus entraînants les uns que les autres ne peut que faire l'unanimité.

Le journal *The Independent* déclarait que l'album allait « se vendre à des millions d'exemplaires », tandis que le *Daily Star* estimait que c'était un florilège de « savoureux tubes pop ».

Aussitôt après la sortie de leur album, One Direction entama sa première tournée. Elle débuta à Watford, à la mi-décembre, avant de se poursuivre à guichets fermés dans tout le Royaume-Uni et l'Irlande.

En plus des titres de leur album et le célèbre « Na, Na, Na », face B de leur premier single, ils reprirent « Gotta Feeling » des Black Eyed Peas, « Valerie » de The Zuton/Amy Winehouse et « Use Somebody » de Kings of Leon.

Il y eut également des batailles de « boules de neige » en plastique qui tombaient des cintres avec des banderoles argentées. Avec Niall plaquant quelques accords sur sa guitare acoustique et le groupe chahutant joyeusement entre deux airs, le spectacle était un véritable enchantement pour les fans qui avaient été assez chanceuses pour se procurer un billet. Le niveau sonore des cris du public était tel que même les habitués des grands concerts n'en revenaient pas.

Seule ombre au tableau : début janvier, le bus de la tournée fut percuté par une voiture.

Mais, heureusement, à part le choc nerveux et quelques contusions à la tête et au cou, les garçons s'en sortirent indemnes.

9

LE RÊVE AMÉRICAIN

Après la sortie d'un single, puis d'un album en 2011, One Direction voulait passer à la vitesse supérieure. Si, pour certains, 2012 était synonyme de fin du monde, pour One Direction, c'était le début d'une nouvelle vie.

Les garçons vivaient dans la crainte que leur succès fulgurant ne soit qu'un feu de paille. Ils voulaient faire partie intégrante de l'industrie du disque et devenir des stars à l'échelle planétaire.

Heureusement, plusieurs opportunités s'offrirent à eux, qui allaient leur permettre de réaliser leur rêve. À commencer par une invitation à la très prestigieuse soirée des BRIT Awards.

Elle se tint en février dans la salle omnisports O2 avec James Corden (le vieux pote de Louis) dans le rôle de présentateur. Cette soirée fut marquée par des moments forts pour les garçons et par d'autres moins flatteurs qui allaient coller à l'image du groupe des mois durant.

Mais commençons par les meilleurs. Ils furent nominés dans la catégorie du Meilleur Single.

Quand on sait le nombre de groupes célèbres qui n'a jamais gagné un seul BRIT, on ne peut que saluer le fait que One Direction avait été nominé dès ses débuts. Pour leur catégorie, un vote public avait été organisé afin de désigner le gagnant. Les votants étaient les auditeurs de la fréquence Capital FM, mais, tout à la joie de l'avoir emporté, Harry commit une bourde et remercia les auditeurs de Radio One.

La jubilation des garçons était palpable. Ce fut la pop star Tinie Tempah qui vint leur remettre leur récompense.

— Ouah ! s'écria Louis. On n'arrive pas y croire, c'est trop beau.

Puis, il ajouta :

— Cette récompense, nous la devons à tous nos fans.

Harry prit ensuite la parole. Après avoir lui aussi remercié leurs fans, il déclara :

— Et un grand merci à Radio One.

Consciente que l'énorme bourde risquait de compromettre à jamais les chances de One Direction de passer à l'antenne de Capital FM, l'attachée de presse du groupe s'empressa de tweeter :

— One Direction a oublié de remercier les auditeurs de Capital Radio, hier soir, quand ils ont reçu le BRIT Award du Meilleur Single. Cet oubli est dû au fait qu'ils étaient très émus d'avoir remporté le prix. Cependant, ils tiennent à remercier de tout cœur Capital Radio et tous ses auditeurs pour leur soutien et leurs voix.

Harry s'en voulait à mort d'avoir commis un tel impair, mais ce n'était pas une raison pour ne pas fêter et arroser dignement leur victoire.

Le moins qu'on puisse dire, c'est qu'ils n'y allèrent pas avec le dos de la cuillère, et, plus tard ce soir-là, quand ils reparurent pour une interview, Niall était rouge comme une tomate, et Harry avait une diction molle et pâteuse. Plus tard encore, au cours d'une autre interview, Harry ne dit rien, se contentant de fixer la caméra d'un œil vague.

Quand on leur demanda comment ils comptaient se partager le trophée, ils déclarèrent qu'ils allaient le couper en petits morceaux ou faire des photocopies. Harry finit par reconnaître qu'il avait bien prononcé les paroles qui lui étaient attribuées lors du « minougate ». L'absorption d'alcool aidant sans doute, il tweeta en toute franchise :

— Oui, je le reconnais…, j'ai bien dit : « Pense à tous les minous que tu vas pouvoir te payer », et j'en suis désolé.

Le lendemain matin, les garçons avaient la gueule de bois quand ils passèrent en revue les évènements de la veille.

Au moment de la remise du trophée, Liam avait évoqué une prochaine tournée dans les plus grandes salles du Royaume-Uni. Elle débuta le 22 février 2013 dans l'auditorium O2 de Londres.

En quelques minutes, toutes les places des quinze concerts étaient vendues, si bien qu'il fallut ajouter une vingtaine de représentations, dont plusieurs matinées à Londres, Cardiff, Manchester et Birmingham. La vitesse à laquelle les billets partaient était hallucinante : One Direction était, dans leur catégorie, les rois de la scène pop britannique.

Si février 2012 avait été palpitant, mars fut une véritable consécration. One Direction avait réussi à pénétrer le marché très convoité et quasi intouchable des États-Unis. Quand on sait le nombre d'excellents artistes britanniques et irlandais qui n'ont pas réussi à s'imposer sur le marché outre-Atlantique, on prend la mesure du défi.

Parmi les malchanceux, on recense Westlife, Robbie Williams et Oasis. Busted, le plus grand groupe pop de Grande-Bretagne et l'un des plus populaires au Japon, alla même jusqu'à tourner un documentaire, *America or Busted*, racontant leur flop chez nos cousins américains.

Alors que des groupes qui caracolaient depuis des années en tête des ventes au Royaume-Uni n'arrivaient pas à s'imposer en Amérique, qui se serait imaginé que One Direction allait y parvenir ?

Pourtant, à peine débarqués aux États-Unis pour faire le « grand saut », les garçons découvrirent qu'ils comptaient là-bas des millions de *followers*.

Ils furent littéralement assaillis par les fans à Boston, et, lorsqu'ils se rendirent ensuite à Toronto, au Canada, il fallut faire appel aux forces de police pour disperser la foule immense et surexcitée rassemblée autour de leur hôtel. Le journal *Billboard* écrivait :

— Il y a un fort potentiel et beaucoup d'indicateurs positifs…, et, avec un boys band aussi talentueux et stylé…, il faut s'attendre à un véritable raz-de-marée médiatique.

Quand on sait combien il est difficile d'impressionner les médias américains, de telles paroles étaient plus qu'encourageantes.

Les garçons découvraient que, contrairement à nombre d'artistes anglais qui s'étaient heurtés à un mur, ils recevaient un traitement de faveur. Les comparaisons allaient bon train entre les performances de One Direction et celles des plus grands succès britanniques à l'export.

Non seulement One Direction se voyait offrir un *time slot* dans l'émission *Today*, la plus grosse émission du matin américaine, mais ils étaient présentés comme un groupe aussi populaire que les Beatles.

— Il est huit heures trente-neuf, et nous recevons le nouveau boys band dont certains n'hésitent pas à dire qu'ils seront les prochains Beatles…, dit la présentatrice. Et le fait est que si vous avez une ado ou une préado à la maison, elle est probablement déjà complètement accro à One Direction.

Le groupe fit une apparition dans *Today Show*, à deux pas du célèbre Rockefeller Center de New York, ainsi que dans diverses autres émissions phares comme *Saturday Night Live*. De quoi faire pâlir d'envie d'autres groupes immensément connus qui n'avaient jamais réussi à se faire inviter à ces émissions.

« What Makes You Beautiful » démarra à la 28e place des charts américains – le plus gros succès depuis quatorze ans pour un groupe anglais débutant, d'après *Billboard*.

Un évènement excitant en soi. Mais le meilleur était à venir. Imaginez un instant la joie des garçons lorsqu'ils apprirent que *Up All Night* s'était hissé à la toute première place des charts US. Ils étaient complètement abasourdis.

— On n'arrivait tout simplement pas à y croire, dit Harry. C'est plus qu'un rêve devenu réalité pour nous. Nous tenons à remercier tous les fans qui ont acheté notre album, et remercier le public américain pour son formidable soutien.

Niall ajouta :

— Comme vous pouvez l'imaginer, nous baignons littéralement dans le bonheur.

Leur mentor, l'« oncle » Simon Cowell, débordait de fierté.

— Je suis vraiment très heureux pour One Direction. C'est un véritable tour de force, écrivit-il sur Twitter. Ils l'ont bien mérité. Ils ont les meilleurs fans du monde.

Ce succès de One Direction était aussi une immense source de fierté pour la Grande-Bretagne tout entière. Ils n'étaient pas les seuls artistes anglais à faire un carton en Amérique.

The Wanted étaient eux aussi au sommet de la gloire : leur single « Glad You Came » caracolait à la quatrième place du top 100 de *Billboard*. Les fans américaines de One Direction indiquèrent qu'elles aimaient les garçons non pas malgré, mais à cause du fait qu'ils étaient anglais.

— Ça les rend carrément craquants, dit l'une d'elles.

Plus tard, dans une interview accordée à *Rolling Stone*, Cowell expliqua comment il avait conquis l'Amérique contrairement aux autres boys bands qui avaient fait un flop.

— Je pense que la plupart de ces groupes nous servent une musique qui se situe à mi-chemin entre l'Angleterre et l'Amérique. Résultat, ils font un grand « plouf » au milieu de l'océan parce qu'ils n'arrivent à séduire ni les uns ni les autres.

Mais le véritable moteur du succès fut, sans aucun doute possible, les réseaux sociaux. Grâce à Twitter, Facebook et Tumblr, le groupe était déjà en train de se tailler une énorme réputation aux USA par le biais des fans eux-mêmes.

Le succès de Justin Bieber, dû en grande partie à YouTube et Twitter, avait servi de leçon à tous : les rois de la pop teenage empruntent d'autres voies que celles de la promotion habituelle.

Cowell avait donc toutes les raisons du monde de se montrer optimiste. Lorsqu'il avait lancé *The X Factor USA* en 2011, il avait remarqué que les filles s'intéressaient au boys band. Elles ne cessaient de lui demander quand il allait faire venir One Direction en Amérique.

Si bien qu'il avait laissé la frénésie se construire toute seule.

— En général, nous harcelons les labels américains quand nous avons le sentiment qu'un artiste va marcher, confia-t-il à *Rolling Stone*. Mais cette fois, on s'est dit : attendons que le téléphone sonne et voyons qui appelle le premier. Je veux qu'ils le découvrent par eux-mêmes, par le biais des réseaux sociaux, plutôt que d'avoir l'air de leur forcer la main.

Mais si Cowell pense que l'impact des réseaux sociaux « est une bonne nouvelle » pour l'industrie du disque, il a, en revanche, du mal à faire passer le message qu'un artiste doit avoir du charisme pour pouvoir s'imposer à travers cette nouvelle méthode de marketing.

— C'est le groupe lui-même qui construit son succès, explique-t-il. Je crois que c'est ce que One Direction a fait. Nous avons travaillé main dans la main, mais sans leur énergie et le dialogue qu'ils ont réussi à établir avec leurs fans, rien de tout cela ne serait jamais arrivé.

Un des collaborateurs de Cowell abonde dans son sens :

— Parfois, on sent que la vraie star, c'est la chanson, mais ici ce sont les garçons, explique Sonny Takhar, directeur général de Syco, au journal *The Guardian*. On vit un moment unique, ajoute Takhar. Les réseaux sociaux sont devenus la nouvelle radio ; jamais aucun artiste n'avait été à ce point porté par la vague Internet.

Reste à savoir quelle est la durabilité des sites musicaux. À titre d'exemple, si des artistes comme Lily Allen et Arctic Monkeys ont su exploiter efficacement MySpace pour lancer leur carrière, le raz de marée d'artistes médiocres qui ont envahi MySpace a fini par décrédibiliser le forum. Comme Cowell le reconnaît lui-même :

— Les groupes pullulent sur Internet. Mais tous ne réussissent pas, loin de là.

Outre tous les arguments mis en avant par Cowell, il reste le fait qu'il y avait une place à prendre sur le marché américain pour un nouveau boys band. Le vide laissé par New Kids on the Block, Backstreet Boys et 'N Sync n'avait jamais été vraiment comblé.

Même les Jonas Brothers, qui avaient d'ailleurs investi une niche légèrement différente sur le marché, étaient passés de mode depuis longtemps. One Direction, et l'autre nouveau boys band britannique The Wanted, étaient arrivés pile-poil au bon moment.

Le succès de One Direction aux États-Unis peut s'expliquer par un heureux mélange de charisme et de timing : ils ont débarqué à un moment où une nouvelle méthode de marketing était en train de se mettre en place et dans un marché assoiffé de ce genre de musique. Certains garçons raflent le gros lot.

Pour autant, il ne faudrait pas s'imaginer que tout alla sans heurts pour eux en Amérique. À peine débarqués, ils apprirent qu'un groupe américain, également appelé One Direction, avait l'intention de leur intenter un procès pour plagiat. L'avocat du groupe US, Peter Ross, déclara au *Hollywood Reporter* que le boys band et leur manager étaient au courant depuis un certain temps déjà que le nom était déjà pris.

— Mais plutôt que de changer le leur, ou faire quoi que ce soit pour lever l'ambiguïté pour ne pas nous porter préjudice, ils ont persisté et décidé d'organiser une tournée, explique Ross. Ça fait un mois que nous essayons de négocier une solution à l'amiable. Mais jusqu'ici, les pourparlers n'ont rien donné de satisfaisant.

Cependant, tandis que la bataille juridique s'engageait, les garçons eurent plus que leur lot de consolations. Loin de s'effriter, leur popularité continuait de croître tandis que leurs fans se mobilisaient pour leur apporter leur soutien. Sur Twitter et d'autres réseaux sociaux, la réaction en faveur du boys band anglais était unanime.

À l'occasion d'une interview à la télévision australienne, Harry et Zayn dirent non.

— Nous ne savons pas [comment tout ceci va se terminer], mais nous n'avons pas l'intention de changer de nom.

En plus de cette formidable marque d'affection et de soutien de la part de leurs fans, les cinq garçons empochaient des cachets mirobolants. Il a été dit parfois que les lauréats de *The X Factor* ne gagnaient pas d'argent, que tous les bénéfices allaient dans la poche des producteurs qui ne laissaient que des miettes aux artistes liés par des contrats léonins. Néanmoins, la réussite financière de gens comme Leona Lewis ou Jedward laisse penser le contraire. Il est de notoriété publique que tous deux ont amassé énormément d'argent après être passés à *The X Factor*.

Pour ce qui est de One Direction, la rumeur court qu'à compter d'avril 2012, chaque garçon avait déjà empoché plus de un million de livres.

— Simon Cowell tient à ce qu'ils sachent ce qu'ils valent vraiment. Leur succès est absolument phénoménal. Simon pense qu'ils sont parmi les groupes qui marchent le plus à l'heure actuelle, a dévoilé une source au journal *People*.

Le même mois, des statistiques furent publiées qui allaient dans ce sens. Par exemple, « What Makes You Beautiful » devint disque de platine aux États-Unis après s'être vendu à 1 129 852 d'exemplaires en l'espace de quelques mois.

Un tour de force que plus d'un groupe anglais internationalement reconnu aurait eu du mal à égaler. Un tel score pour un groupe débutant ne s'était pour ainsi dire jamais vu aux États-Unis.

Pendant ce temps, les garçons se rendaient en tournée en Australie et en Nouvelle-Zélande. Quelle expérience, en particulier pour Zayn, qui n'avait jamais mis les pieds à l'étranger avant *The X Factor* !

Quand ils se produisirent à la télévision australienne, des centaines de fans s'étaient amassés devant les studios pour hurler leur amour au boys band.

— C'est carrément délirant. On n'arrive pas à y croire, dit Liam quand ses compagnons et lui virent les hordes de fans hystériques que les cordons de police arrivaient à grand-peine à contenir. L'une d'elles déclara qu'elle était prête à essuyer les tirs des forces antiémeute pour pouvoir approcher ses idoles.

— Je suis prête à faire n'importe quoi pour les voir, y compris me prendre une décharge de Taser, déclara-t-elle.

Le groupe fit une telle impression sur nos amis australiens que les 190 000 places des 18 concerts prévus en septembre 2013 furent raflées dès leur mise en vente. Un pays après l'autre, One Direction était en train de conquérir le monde.

10

LA RANÇON DE LA GLOIRE

Lors d'une interview donnée en Amérique, Liam évoqua la rançon de la gloire, en particulier quand elle est acquise à une vitesse vertigineuse.

— Tout arrive tellement vite, qu'on a du mal à réaliser, dit-il. Parfois, ce n'est que lorsque je me retrouve seul que j'arrive à penser à tout ce qui se passe, et parfois je me dis que j'ai juste envie de rentrer chez moi. De temps à autre, il y a une partie de moi qui voudrait rentrer à Wolverhampton pour faire un break, juste mener une vie normale. C'est un peu un cercle vicieux.

Une déclaration dont la franchise a de quoi surprendre quand on sait combien les garçons sont briefés avant une interview. Les réflexions de Liam en disent long sur la pression permanente, la surcharge de travail, la curiosité insatiable des médias que les membres du groupe sont obligés de supporter en tant que personnages publics.

Liam, qui sort avec la danseuse Danielle Peazer, savait que l'attention médiatique presque insoutenable dont le groupe fait l'objet allait se reporter sur leur vie privée. Comment aurait-il pu en être autrement pour un boys band dont le succès est en grande partie dû au physique de ses membres ?

Cette attention permanente avait débuté au moment où le groupe s'était formé. Déjà, à l'époque où ils n'étaient encore que des candidats de *The X Factor*, la rumeur s'était mise à courir que Zayn sortait avec Geneva Lane, une fille du groupe Belle Amie. Les spéculations atteignirent des sommets de frénésie quand ils furent surpris en train de s'enlacer en coulisse durant la finale de l'émission. Après quoi, on vit Zayn quitter les studios main dans la main avec Lane, qui est de trois ans son aînée. Pour les médias, ces photos étaient la preuve que les rumeurs étaient fondées. Cependant, Zayn avait une autre version à offrir. Il écrivit sur Twitter :

— Hello, les fans, je voulais juste vous dire qu'il ne faut pas croire tout ce qu'on raconte. Elle et moi, on est juste amis et ce n'était qu'un baiser amical.

Une précédente déclaration de Lane (confirmant que Zayn et elle avaient une relation) n'avait fait qu'embrouiller un peu plus les esprits.

— Il y a quelque chose entre nous, avait-elle dit à une amie sur Twitter.

Quelle que soit la nature et l'importance de sa relation avec Zayn, elle lui valut d'être harcelée par les fans du groupe qui se servaient de son compte Twitter pour faire passer des messages aux garçons et même les inciter à créer leur propre compte.

— Certains d'entre vous ont tendance à me prendre pour l'attachée de presse de 1D, ce que je trouve irrespectueux, écrivit-elle.

Lane n'était pas la seule finaliste de *The X Factor* à qui on prêtait une liaison avec Zayn. On le soupçonnait également d'être sorti avec Rebecca Ferguson, et cette fois les rumeurs furent confirmées.

— Je suis amoureuse, et c'est une sensation merveilleuse, déclara Ferguson dans une interview au magazine *Reveal*. Je n'ai jamais rien éprouvé de tel. Il nous a fallu un moment pour nous regarder l'un l'autre différemment. Ça ne s'est pas passé à un moment précis, c'est arrivé progressivement. Mais c'est lui qui a fait le premier pas.

Plusieurs sources concordent : ce fut Zayn qui prit les devants, l'une d'elles le décrivant comme « très entreprenant » avec les femmes.

Quoi qu'il en soit, la relation qui fit le plus parler d'elle fut, on s'en doute, celle de Harry avec Caroline Flack, l'invitée du show *The Xtra Factor*. Leur histoire allait faire sensation dès le départ : le tout jeune candidat de *The X Factor* sortant avec une présentatrice de trente et quelques années. Il posta un message en ces termes :

— Pour Flackster ! La vaillance n'attend pas

le nombre des années… À très vite !! Tout mon amour, Harry S.

Des sources donnent à penser que tout alla en effet très vite : le coup de foudre commença quand il la qualifia de « sublime », puis fut aperçu en train de flirter avec elle lors d'un cocktail donné par la production. Flack ne tarda pas à découvrir que n'importe quelle femme – en particulier d'âge mûr – ayant une relation avec un membre du groupe s'exposait à se faire traîner dans la boue sur Internet.

Pour elle, ce tir groupé alla même jusqu'aux menaces de mort chaque fois que les médias publiaient un entrefilet sur leur relation.

Rebecca Ferguson s'était déjà plainte de recevoir des menaces de la part de gamines de 12 ans quand elle sortait avec Zayn.

Il semblait que Flack était en train de connaître un retour de bâton encore plus terrible, y compris sur Twitter. Excédée et dégoûtée par ce flot d'insultes, elle riposta :

— Hello, les fans de One Direction ! Soyons clair. Je suis amie avec Harry… Une des personnes les plus adorables que je connaisse… Je ne mérite pas d'être menacée de mort. ☺ x

Des sources rapportent que la mère de Harry, nullement impressionnée, aurait déclaré :

— Ôte tes sales pattes de mon fils !

Compte tenu de la pression médiatique subie par l'un et l'autre, et l'énorme curiosité qu'ils suscitaient en tant que couple, l'annonce de leur séparation ne fut une surprise pour personne. On racontait que Harry était à l'origine de la rupture, mais, conscient qu'une réputation de « plaqueur » risquait de nuire à son image, il fit une déclaration sur Twitter :

— S'il vous plaît, n'allez pas croire que j'ai « plaqué » Caroline. C'est une décision prise en commun. J'ai rarement connu personne aussi gentille et généreuse qu'elle. S'il vous plaît, respectez-nous.

Quand la fièvre fut retombée, Flack s'exprima sans détours à propos de leur idylle, quoi qu'en restant très discrète.

— Harry est adorable, c'est quelqu'un de bien, confia-t-elle au *Mail on Sunday* avant d'ajouter qu'ils étaient restés en excellents termes. Nous sommes avant tout des amis. Nous avons été très proches à un moment donné. Mais ce qui s'est passé entre nous ne regarde que Harry et moi. Après quoi, nous avons décidé qu'il valait mieux rester amis.

Toujours est-il que leur relation avait défrayé la chronique de la presse people et engendré des réactions très contrastées de la part du public. Flack fut simultanément encensée pour « s'être fait » un beau gosse, et roulée dans la boue pour avoir dévoyé un garçonnet en culottes courtes. De son côté, Harry eut lui aussi droit à son lot de critiques et de louanges. Il s'était acquis la réputation d'un amateur de femmes mûres, réputation qui ne fit que se renforcer quand il eut une aventure avec la trentenaire Kim Kardashian. Au cours d'une interview donnée en Amérique, il brandit un poster de la pulpeuse célébrité sur lequel était collé un post-it avec la légende : « Appelle-moi… Peut-être ? »

Lors d'une autre interview, Zayn le taquina sur son supposé penchant.

— Il aime les couguars, dit Zayn, au grand dam de Harry. C'est quoi ton critère ? N'importe quelle fille de moins de…

C'est alors que Harry mit les pieds dans le plat pour empêcher Zayn d'aller plus loin. Son humour à ce sujet avait clairement des limites.

Malheureusement, n'importe quelle rencontre de l'un des membres de One Direction avec le beau sexe se soldait par une campagne de harcèlement particulièrement féroce pour la fille.

La vénération que les fans vouaient au groupe était telle que certaines, par le biais des réseaux sociaux, n'hésitaient pas à rendre la vie impossible à toute fille qui osait approcher les garçons d'un peu trop près. Danielle, la petite amie de Liam, n'avait pas été épargnée. Et même Hannah Walker, une jolie blonde qui était sortie avec Louis bien avant qu'il n'accède à la célébrité, fut rageusement attaquée sur Twitter.

Par moments, la colère se déchaînait de façon inquiétante. Ainsi, en avril 2012, la jeune Anna

Crotti expliqua qu'elle s'était fait « rudoyer » en ligne par des fans qui cherchaient à la dissuader de sortir avec Zayn. Elle avait fait sa connaissance durant la tournée de One Direction en Australie.

— Un garde du corps s'est approché de moi. J'ai cru qu'il allait me rembarrer, mais il m'a dit : « Les garçons voudraient votre numéro de téléphone », expliqua-t-elle à MTV. Plus tard, j'ai reçu un texto qui disait « Salut ». C'était Zayn.

Dès qu'on sut qu'elle était en contact avec Zayn, les ennuis commencèrent.

— À la fin de la journée, j'ai commencé à avoir peur, déclara-t-elle. Des filles que je ne connaissais pas s'étaient mises à me harceler sur Facebook. Des filles appelaient la radio pour me traiter de p… Des mères m'appelaient, en larmes, pour me demander si je savais où était One Direction parce que leurs filles voulaient les rencontrer. Je n'osais même plus rentrer chez moi à pied. C'était du délire. J'ai texté Zayn et dit : « Il vaut peut-être mieux qu'on ne se rencontre pas. » C'était vraiment trop de pression.

Au cours du même voyage, les rumeurs recommencèrent à circuler sur la vie sentimentale de Harry. Quand les garçons étaient en Nouvelle Zélande, on raconta qu'il sortait avec le mannequin américain Emma Ostilly et qu'ils avaient été vus en train de s'embrasser devant chez elle.

— On avait l'impression que le courant passait entre eux et qu'ils se regardaient l'un l'autre comme si le monde autour d'eux avait cessé d'exister, aurait déclaré un témoin oculaire.

La façon dont tout ceci était raconté – par une des innombrables « sources » anonymes – fait douter de la véracité de ces affirmations. Après que Harry eut expliqué qu'elle n'était « qu'une amie », Liam confirma ses dires en stipulant :

— Ils ne sortent pas ensemble.

Mais cela ne suffit pas pour lui épargner la hargne venimeuse de certaines fans, si bien qu'elle finit par annuler purement et simplement son compte Twitter pour mettre fin au harcèlement.

Un intense sentiment de frustration s'installa chez les garçons quand ils réalisèrent ce que les filles avec qui ils étaient liés devaient supporter. Ils se retrouvaient dans une situation pour le moins cocasse : le fait que des millions de filles aient voulu se jeter dans leurs bras les mettait quasiment dans l'impossibilité d'approcher aucune d'elles.

Le groupe en venait à se demander si les « fans » qui bombardaient leurs partenaires de messages insultants méritaient vraiment le nom de « fans ». Plus tard, en avril, la patience de Louis fut mise à rude épreuve lors d'un échange sur Twitter avec ses fans. Il découvrit que, sous le pseudo de « Louannah » (un surnom qui lui était resté de l'époque où il sortait avec Hannah Walker), des fans avaient tweeté des photos de lui et Walker à sa nouvelle petite amie Eleanor Calder. Furieux, il se connecta pour vider son sac.

— Si vous voulez savoir, je ne trouve pas ça drôle du tout. Ces tweets à la c** me rendent carrément vénère !

Il en profita pour envoyer un message directement à Calder et la rassurer sur ses sentiments :

— Je T'AIME ! xxxx Je n'ai jamais été aussi heureux. C'est tout ce qui compte. ☺ Merci x

Il savait que ses fans allaient voir ce message, si bien qu'il leur était partiellement adressé.

Pendant ce temps, Hannah Walker, une instit de primaire qui avait reflué dans l'ombre après sa rupture avec Louis, se retrouvait à nouveau sous le feu des projecteurs. Elle confia au *Daily Mail* qu'elle était embarrassée par tout ce battage médiatique et qu'elle avait pris la peine de contacter Eleanor Calder pour lui expliquer qu'elle n'y était pour rien. Puis, à propos de son illustre ex-petit ami, elle déclara :

— Quand je le vois à la télévision aujourd'hui, j'ai l'impression que ce n'est plus le même : il y a le garçon de Doncaster et il y a Louis de One Direction.

Elle ne souhaitait que son bonheur, et il est probable qu'une majorité de fans de One Direction pensaient comme elle.

S'arrêter quelques instants sur l'expérience d'autres boys bands dans ce domaine nous permet de mieux comprendre comment les garçons de

One Direction sont amenés à gérer publiquement leurs relations sentimentales. Autrefois, les boys bands étaient vertement semoncés par leurs managers quand ils avaient des aventures, ou tout au moins quand ils en faisaient état publiquement. Les membres de Take That, par exemple, avaient l'obligation de ne pas avoir de petites amies, de crainte que leur popularité ne s'émousse si leurs fans venaient à découvrir qu'ils n'étaient plus « des cœurs à prendre ».

Pour One Direction, il en avait été décidé autrement dès le départ. Ils étaient autorisés à avoir des aventures sans avoir à se cacher.

À un moment donné, leur manager les encouragea même à sortir avec des femmes un peu plus âgées qu'eux, dans la mesure où les « répercussions » en cas de rupture seraient moins dommageables pour leur image.

— Nous nous efforçons de donner une image différente de celle habituellement associée aux boys bands, expliqua Niall au journal canadien *National Post*. On essaie différentes sortes de musique et on s'efforce de rester ce que nous sommes, pas des bons petits garçons bien élevés.

Avec le temps, il faut espérer que la frénésie qui entoure les petites amies des membres de groupe va se calmer, et que les vraies fans, qui ne veulent que le bien des garçons, vont donner suffisamment de voix pour se faire entendre et ramener tout le monde à la raison.

On aurait tort d'oublier que les fans de One Direction sont des filles adorables et respectueuses qui leur expriment fréquemment leur soutien et leur attachement sur Twitter.

Les garçons mirent leur colère et leur frustration sous le boisseau quand ils apprirent le décès de la tante de Zayn en février 2012.

Le groupe se trouvait en Amérique à ce moment-là. Zayn fut promptement mis dans un avion en partance pour l'Angleterre. C'est Harry qui annonça la nouvelle sur Twitter :

— Un membre de la famille de Zayn est décédé, et Zayn a dû rentrer chez lui en urgence. Il ne pourra donc pas être avec nous lors de nos prochains concerts aux USA. Toutes nos pensées vont à lui et à sa famille.

Ses fans furent sincèrement émues par cette nouvelle tragique, d'autant que Zayn avait déjà perdu son grand-père au cours des dernières semaines de *The X Factor*.

Elles organisèrent une chaîne de solidarité sur Internet, CourageZayn, pour Zayn et sa famille. La première réaction de Zayn après la célébration des funérailles fut de rediriger un tweet qui lui avait été adressé par un *follower*.

— Dieu n'a pas de téléphone, mais je lui parle. Il n'a pas de compte Facebook, mais il est tout de même mon ami. Il n'a pas Twitter, mais je le suis [sic].

Cette anecdote reflète bien qui sont les vraies fans de One Direction, celles qui vont rester fidèles au groupe jusqu'au bout.

Pour les avoir soutenus depuis le début, leurs fans savent qu'elles ont eu – et continuent d'avoir – un rôle à jouer dans cette extraordinaire aventure.

Mais que réserve l'avenir à One Direction ?

— Nous allons enregistrer un nouveau disque, annonça Niall en mars 2012. Nous voulons sortir un nouveau disque chaque année, chaque année et demie.

La préparation du deuxième album était déjà en route, expliqua-t-il.

— Il y a déjà eu des réunions préliminaires avec des compositeurs et des producteurs.

Au dire de certains, le groupe envisagerait un son plus rock pour son deuxième album.

Étant presque tous fans de groupes américains comme Green Day et Jack's Mannequin, les garçons veulent injecter un peu de piano rock dans leurs chansons.

— Nous voulons faire bouger les lignes avec notre prochain disque en injectant plus de guitare et plus de grunge, déclara Louis au *Daily Star*.

Il est essentiel que les idées, les envies et les pensées du groupe lui-même restent au centre de son développement. Les garçons n'ont pas envie d'être des pantins, et leurs fans ne le voudraient pas non plus. Les cinq garçons ont un réel potentiel créatif.

Ils sont foncièrement bons et honnêtes, et méritent d'être respectés. Simon Cowell, à qui on demanda comment il comptait assurer la longévité du groupe dans une industrie du disque hautement volatile et fluctuante, répondit tout simplement :

— En usant de bon sens et en les traitant comme des êtres humains. C'est le plus important.

★

BIBLIOGRAPHIE

Blair, Linda, *Birth Order*, Piatkus Books, 2011.

Newkey-Burden, Chas, *Simon Cowell : The Unauthorized Biography*, Michael O'Mara Books, 2009.

Oliver, Sarah, *One Direction A-Z*, John Blake Publishing, 2011.

One Direction, *One Direction : Dare to Dream – Life as One Direction*, HarperCollins, 2011.

One Direction, *1D : Forever Young*, HarperCollins, 2011.

Paramor, Jordan, *The X Factor : Access All Areas*, Headline, 2007.

CRÉDITS PHOTOS

Page 1 : Beretta/Sims/Rex Features / Page 2 : Beretta/Sims/Rex Features / Page 3 : NTI Media Ltd/Rex Features (haut) ; Danny Martindale/FilmMagic/Getty Images (bas) / Page 4 : McPix Ltd/Rex Features / Page 5 : Beretta/Sims/Rex Features (haut) ; McPix Ltd/Rex Features (bas) / Page 6 : Rex Features (haut) ; David Fisher/Rex Features (bas) / Page 7 : Ian Gavan/Getty Images (haut) ; Ian West/PA Archive/Press Association Images (bas) / Page 8 : McPix Ltd/Rex Features (haut) ; Eamonn McCormack/WireImage/Getty Images (bas) / Page 9 : Fred Duval/FilmMagic/Getty Images / Page 10 : Dave Hogan/Getty Images (haut) ; Jon Furniss/WireImage/Getty Images (bas) / Page 11 : Jason Sheldon/Rex Features / Page 12 : John Marshall/AP/Press Association Images (haut et centre) ; David Fisher/Rex Features (bas) / Page 13 : Kevork Djansezian/Getty Images (haut) ; Andrew H Walker/Getty Images (bas) / Page 14 : © Splash News/Corbis (haut) ; Newspix/Nathan Richter/Rex Features (bas) / Page 15 : © Splash News/Corbis / Page 16 : Newspix/Rex Features (haut) ; AGF s.r.l./Rex Features (bas)

INDEX

★